AF308635

UNIVERSITÉ DE RENNES

FACULTÉ DE DROIT

THÈSE

POUR LE

DOCTORAT ÈS-SCIENCES POLITIQUES & ÉCONOMIQUES

L'OSTRÉICULTURE EN FRANCE

Cette Thèse sera soutenue le 25 Novembre 1899

PAR

Jean SENNÉ-DESJARDINS

AVOCAT

Chef de Cabinet du Préfet des Alpes-Maritimes

Né à Aigues-Mortes (Gard), le 7 Février 1873.

EXAMINATEURS :

MM. FETTU,
       BODIN,   } *Professeurs.*
       GRANDMOULIN.

Imprimerie Bretonne, 4, rue de la Chalotais,
RENNES

UNIVERSITÉ DE RENNES

FACULTÉ DE DROIT

THÈSE

POUR LE

DOCTORAT ÈS-SCIENCES POLITIQUES & ÉCONOMIQUES

L'OSTRÉICULTURE EN FRANCE

Cette Thèse sera soutenue le 25 Novembre 1899

PAR

Jean SENNÉ-DESJARDINS

AVOCAT

Chef de Cabinet du Préfet des Alpes-Maritimes

Né à Aigues-Mortes (Gard), le 7 Février 1873.

EXAMINATEURS :

MM.   FETTU,
       BODIN,   } *Professeurs.*
       GRANDMOULIN.

I. B. 1899.

BIBLIOGRAPHIE

BERTHOULE. — « Rapport au Ministre de la Marine relativement à l'octroi des Concessions sur le domaine public. » — (Paris, 1889, Imprimerie des *Journaux Officiels*).

BOUCHON-BRANDELY. — 1o « Rapport au Ministre de la Marine relatif à l'ostréiculture sur le littoral de la Manche et de l'Océan. » — (Paris, 1877, Librairie Wittersheim et Cie) ;

2o « Rapport au Ministre de la Marine sur la génération et la fécondation artificielle des huîtres portugaises. » — (Paris, 1882, Imprimerie du *Journal Officiel*).

DE BROCA. — « Etude de l'Industrie huîtrière des Etats-Unis. » — (Paris, 1865, Imprimerie Challamel Aîné).

Dr BROCCHI. — 1o « Traité d'Ostréiculture. » — (Paris, 1883, Librairie agricole de la Maison rustique) ;

2o « Traité de zoologie agricole. » — (Paris, 1886, Librairie Baillère et Fils).

COSTE. — « Voyage d'exploration sur le littoral de la France et de l'Italie. » — (Paris, 1861, Imprimerie impériale).

DELAMARE-DEBOUTEVILLE. — « Mémoire au Congrès International des Pêches Maritimes de Dieppe. » — (Paris, 1898, Challamel, Editeur).

GRAND. — « L'industrie huîtrière à Marennes. » — (Paris, 1882, Librairie Michelet).

Dr GRESSY. — « L'huître est androgyne et non hermaphrodite. » — (Vannes, 1878, Imprimerie Grébus).

HAUSSER. — « L'industrie huitrière dans le Morbihan. » — (Paris, 1876, Dunod, Editeur).

Dr HENRI LEROUX. — « Traité pratique d'ostréiculture. » — (Naptes, 1881, Imprimerie Bellinger et Fils).

POTTIER. — « Mémoires aux Congrès Internationaux des Pêches Maritimes des Sables-d'Olonne (1896) et de Dieppe (1898).

RENDUEL. — « Rapport au Ministre de la Marine sur l'attribution à la Caisse des Invalides de la Marine des produits des redevances imposées aux concessionnaires du domaine public maritime. » — (Paris, 1889, Imprimerie des *Journaux officiels*).

ROCHÉ. — 1o « La Culture des Mers. » — (Paris, 1898, Félix Alcan, Editeur) ;

2o « Mémoire au Congrès International des Pêches Maritimes des Sables-d'Olonne. » — (Paris, 1896, Institut international de bibliographie scientifique).

LE TERME. — « Règlement général et Notice sur les Marais de l'arrondissement de Marennes). » — (Rochefort, 1826, Impririe de Goulard).

VALIN. — « Nouveau Commentaire sur l'Ordonnance de la Marine du mois d'août 1681). » — (La Rochelle, 1776, Jérôme Légier, Imprimeur).

Société Ostréicole du Bassin d'Auray (Auray, Vannes, Lorient) **(Bulletins de la).** — (Vannes, Librairie Lafoye).

TEXTES A CONSULTER

Convention conclue à Paris le 2 août 1839 entre la France et la Grande-Bretagne « pour la délimitation des pêcheries sur les côtes respectives des deux pays. » — (*Annales Maritimes et Coloniales de 1839*, 1re partie, page 860).

Déclaration internationale du 23 juin 1843 « portant règlement général des pêcheries entre la France et la Grande-Bretagne. » — (*Annales Maritimes et Coloniales de 1846*, 1re partie, page 645).

Loi du 23 juin 1846 « relative à la répression des infractions au règlement général de 1843). — (*Annales Maritimes et Coloniales de 1846*, 1re partie, page 641).

Décret du 30 mai 1889 « rapportant l'interdiction, édictée par le Décret du 12 janvier 1882, de vendre, d'acheter, de transporter et de colporter des huîtres destinées à la consommation, du 15 juin au 1er septembre de chaque année. » — (*B. O.* 1er semestre 1889, page 867).

Loi du 24 décembre 1896 « sur l'Inscription Maritime. » — (*B. O.* 2e semestre 1896, page 847).

Loi du 20 juillet 1897 « sur le permis de navigation maritime et l'évaluation des services donnant droit à la pension dite demi-solde. » — (*B. O.* 2e semestre 1897, page 154).

Loi du 15 avril 1898 « portant modification du Décret-Loi disciplinaire et pénal du 24 mars 1852, concernant la marine marchande. » — (*B. O.* 1er semestre 1898, page 808).

Loi du 21 avril 1898 « ayant pour objet la création d'une caisse de prévoyance entre les marins français, contre les risques et accidents de leur profession. » — (*B. O.* 1er semestre 1898, page 922).

INTRODUCTION

*Importance du sujet. — Historique. — Ostréiculture
à l'Etranger.*

I

Si les produits de l'ostréiculture sont connus autant
qu'appréciés, l'ostréiculture elle-même l'est fort peu. On
ignore généralement ses ressources, ses besoins, ses moyens
d'action, les conditions dans lesquelles elle est pratiquée,
les améliorations dont elle est susceptible.

Et pourtant, c'est une industrie essèntiellement française,
qui fait vivre ou aide à vivre un nombre considérable de
familles sur le littoral, tant par elle-même que par les industries accessoires qu'elle met en jeu.

De la *Statistique des Pêches Maritimes* publiée par le
Ministère de la Marine en 1897, pour l'année 1895, il appert
que les établissements ostréicoles, au nombre de 43,374,
occupant une superficie de 9,630 hectares, ont livré à la
consommation 1,081,500,000 huîtres, pour une valeur de
plus de 13,700,000 francs.

Cette même année, et d'après le même document, le
rendement de la pêche des huîtres, en bateau et à pied, a
dépassé 121 millions de sujets, pour une valeur supérieure à
651,000 francs.

II

La culture de l'huître remonte à l'antiquité. Pline, dans
son *Histoire naturelle*, en attribue au proconsul C. Sergius
Orata les premiers essais, qui furent couronnés d'un plein
succès.

« Sergius Orata, écrit-il, est le premier qui imagina les
» parcs d'huîtres, dans les environs de Baïes, au temps de
» l'orateur L. Crassus, avant la guerre des Marses ; et, ce ne
» fut point la gourmandise, mais une spéculation d'intérêt,
» qui le dirigea, car il tirait déjà de grands produits de ses
» conceptions industrieuses..... Ce fut lui qui, le premier,
» assigna la prééminence à la saveur des huîtres de Lucrin.
» Plus tard, on préféra en aller chercher à Brindisi, à l'ex-
» trémité de l'Italie, et, pour qu'elles ne se disputassent pas
» le premier rang, on s'est avisé récemment de repaître dans
» le lac Lucrin les huîtres apportées de Brindisi, après les
» avoir affamées par ce long trajet. » (*Histoire naturelle* de
Pline. Traduction de A. de Grandsagne).

Cicéron mentionne aussi Sergius Orata, qu'il désigne par
l'épithète de « *luxuriarum magister.* »

Dans son *Voyage d'Exploration*, Coste donne le dessin de
deux vases funéraires découverts dans la Pouille et dans les
environs de Rome. Sur ces vases, sont représentés des pieux
collecteurs avec l'inscription suivante : « *Stagnum Neronis,
ostrearia, stagnum, sylva Baia.* »

On ne se bornait donc pas à l'élevage ou à l'engraissement
des sujets adultes, et nous voyons que la récolte du naissain
d'huîtres remonte à une époque fort ancienne. Le dépôt des
embryons sur les fascines n'avait pas échappé à Pline, qui a
consigné les remarques suivantes dans son *Histoire naturelle :*
« Les huîtres naissent du limon qui se corrompt, ou de
» l'écume formée autour des vaisseaux longtemps en station,
» ou des pieux enfoncés dans la mer, et généralement autour
» du bois. On a reconnu, depuis peu, dans les parcs d'huî-
» tres, que ces coquillages laissent écouler un liquide proli-
» fique semblable au lait. »

L'ostréiculture semblait, depuis l'antiquité, confinée en
Italie, où elle a, du reste, périclité par l'incurie et l'ignorance
des riverains et où elle n'a conservé quelque vitalité que
dans le golfe de Tarente.

En France, elle n'était pratiquée que dans la région de Marennes, sans qu'on se préoccupât d'ailleurs d'y recueillir le naissain, lorsque, en 1853, elle prit un essor considérable, à la suite de la mission confiée à Coste.

En rendant compte de son exploration sur les côtes d'Italie, le savant professeur du Collège de France émettait le vœu que les procédés usités par les Napolitains fussent essayés en France.

Dans différents rapports adressés à l'empereur, il insista dans ce sens ; et, au printemps de 1858, des expériences furent entreprises sous sa direction dans la baie de Saint-Brieuc, où l'on sema trois millions d'huîtres, après installation sur les fonds d'une grande quantité de collecteurs destinés à recevoir le naissain. Mais les collecteurs furent brisés, dispersés par la tempête, rejetés à la côte, et les huîtres semées furent vainement recherchées.

Malgré cet échec, qui fut le plus retentissant, et les autres insuccès de Coste, son œuvre fut cependant loin d'être stérile. L'élan était donné ; et c'est à Coste, à ses enseignements théoriques, à l'active intervention et aux sacrifices pécuniaires qu'il sut provoquer de l'Etat, que nous sommes redevables du développement pris par l'ostréiculture française. On peut dire que, grâce à lui, une industrie nouvelle nous était née. Les progrès en furent aussi grands que rapides, tant il y eut d'enthousiasme.

Pour rendre justice à chacun, il convient de mentionner qu'à l'époque où Coste visitait les exploitations italiennes, M. de Bon, chef du service de la Marine à Saint-Servan, créait dans la Rance un parc d'expérimentation pour la récolte du naissain ; mais ses essais, quoique signalés au Ministre dès 1855 et publiés par le Département de la Marine, furent moins remarqués et n'eurent pas une aussi grande influence.

III

La France n'a fait d'emprunts qu'à l'Italie, mais c'est plutôt à titre de simple indication. Elle a perfectionné les méthodes avec une si incontestable snpériorité qu'on peut dire qu'elle a créé l'industrie de toutes pièces. Son génie assimilateur s'est révélé ici, comme en bien d'autres matières, et elle n'est tributaire d'aucun autre pays.

L'ostréiculture à l'étranger n'offre donc, au point de vue des procédés, qu'un intérêt de curiosité, et nous nous bornerons à la passer sommairement en revue.

NORWÈGE. — Les bancs d'huîtres sont assez nombreux sur la côte, mais ils n'y sont pas dans une situation prospère.

Quant à l'ostréiculture, elle n'a donné que des résultats à peu près négatifs ; il a été fait plutôt des expériences de laboratoire que des essais de véritable culture. Aussi, la Commission norwégienne de l'Exposition de 1878 constatait-elle « que l'huître devenait de plus en plus rare et qu'il ne pouvait être question d'exportation. » Depuis lors, l'état de choses ne paraît pas s'être sensiblement amélioré.

DANEMARK. — Il n'y a pas en Danemark d'ostréiculture proprement dite. Les gisements huîtriers y sont affermés par l'Etat. Il en est de même dans le Schleswig-Holstein, dont les bancs naturels sont plus étendus et plus importants.

HOLLANDE. — Depuis 1878, l'ostréiculture s'est beaucoup développée en Hollande. Le produit total de cette industrie, qui, en 1875, ne dépassait pas 40 ou 45,000 francs, atteignait 4,500,000 francs en 1882. Les deux grands centres ostréicoles, Berg-op-Zoom et Yerseke, exportent chaque année une grande quantité d'huîtres en Belgique, en Angleterre et surtout en Allemagne.

BELGIQUE. — La Belgique ne fournit à l'alimentation que les huîtres connues sous le nom d'*huîtres d'Ostende*. Mais il ne faudrait pas croire que ces produis, très estimés d'ailleurs, soient originaires de la Belgique. Ils proviennent de nos côtes, pour la plus grande partie.

Les Anglais achètent des huîtres en France, les engraissent dans la Tamise et les expédient à Ostende, d'où elles sont réexportées sous leur nouveau nom, après avoir séjourné plus ou moins longtemps dans les eaux belges, où elles subissent une préparation qui a pour but de développer la chair au détriment de la coquille, par la mutilation des bords.

En résumé, l'huître d'Ostende n'est pas une espèce spéciale, pas même une variété : c'est une huître française, et quelquefois anglaise, qui a été transformée et débaptisée.

D'après le Dr Brocchi, auquel nous empruntons des données sur l'ostréiculture étrangère, le premier parc d'Ostende aurait été créé en 1765. En 1833, il y existait trois bassins, et sept en 1879.

ANGLETERRE. — Au mois de juillet 1876, le Parlement anglais, ému du dépeuplement des gisements indigènes, nomma un Comité chargé d'étudier les moyens de les reconstituer.

L'un des délégués de la commission se rendit même en France, pour s'y inspirer des procédés qui nous avaient réussi.

Le rapport du Comité a classé les gisements en trois catégories :

1º Les *bancs naturels*, où les huitres se développent sans aucune intervention de l'homme.

2º Les *bancs semi-naturels*, où l'homme intervient en nettoyant les fonds.

3º Les *bancs factices*, où l'huitre est l'objet d'une culture complète et qui sont, en somme, de véritables parcs. Les Anglais ont, en effet, adopté nos méthodes ostréicoles, mais se sont à peu près bornés à l'élevage.

Au reste, leurs tentatives de reconstitution des bancs des denx premières catégories ne paraissent pas avoir réussi comme ils l'espéraient.

L'Angleterre fait une consommation considérable d'huitres. Dès 1870, la valeur des huitres qui y étaient vendues était estimée à 4,000,000 de livres sterling ; elle n'a fait qu'augmenter depuis lors.

Les plus recherchées sont les *natives* ; mais nos voisins d'Outre-Manche prisent également les huîtres françaises et les huîtres américaines.

D'octobre 1880 à la fin de mai 1881, plus de 106,000,000 de celles-ci ont été importées dans le Royaume-Uni ; tandis que, durant la même période, nous n'en avons envoyé que 25,000,000 sur les marchés de l'Angleterre.

ESPAGNE. — Graells a fait un travail intéressant sur l'ostréiculture en Espagne. Il fut surpris de rencontrer à l'embouchure de l'Arosa des parcs d'élevage installés de temps immémorial. Mais les établissements ibériques sont sans importance. Quant aux gisements naturels, jadis si riches à l'embouchure du Vigo, de la Pontevedra et de l'Arosa, ils sont en grande partie ruinés. Et, si sur certains points de la côte, le mollusque existe encore en assez notable quantité, aucun effort n'est tenté pour conserver ce qui reste de ces richesses naturelles ou pour en tirer parti. Au surplus, l'exemple du pillage et de la violation des lois est, le plus souvent, donné par les autorités chargées de faire respecter les règlements.

AMÉRIQUE. — Les huîtres, inférieures aux nôtres en qualité, sont d'une extraordinaire abondance sur la côte des Etats-Unis. Les parages où on les trouve en plus grande quantité sont : le littoral de New-Jersey, de Long-Island, du Connecticut, du Rhode-Island, les rivages de la Delaware et surtout ceux de la baie de Chesapeake, que M. de Broca qualifie de *véritable grenier d'abondance.*

Nous avons vu que les quantités exportées en Angleterre étaient considérables. Plus considérable encore est la consommation locale. L'huître est en Amérique la base de préparations culinaires qui sont, en quelque sorte, des mets nationaux. Il y existe même des restaurants spéciaux, dits « *oysters' houses* ». Les sujets destinés à la cuisson sont vendus sur les marchés, dépouillés de leurs coquilles.

Mais si l'Amérique l'emporte sur nous par la richesse de ses placers huitriers, ses établissements ostréicoles (*planta-tions*) sont très inférieurs aux nôtres. Là non plus, les moyens de culture, le perfectionnement des procédés ne peuvent être mis en parallèle avec les méthodes françaises, et notre pays garde, vis-à-vis du Nouveau-Monde, aussi bien que vis-à-vis de l'Ancien, le premier rang par l'importance de l'industrie ostréicole.

Ces quelques notions préliminaires exposées, nous diviserons notre étude en trois parties principales :

1º Comme il est nécessaire de présenter tout d'abord le mollusque qui en fait l'objet, nous emprunterons à la science quelques notions élémentaires d'histoire naturelle sur l'huître et les ennemis contre lesquels elle a à lutter. Elles constitueront le Titre Iᵉʳ de notre travail.

2º Puis il importe de faire une distinction très nette entre l'exploitation des bancs naturels et celle des établissements particuliers. On n'envisage généralement les bancs naturels que comme des lieux de pêche ; mais une conception qui nous est personnelle et nous semble logique est de considérer les gisements ostréifères comme de vastes parcs, dont l'Etat s'est réservé la gestion, et dont les produits sont attribués aux particuliers, pêcheurs ou industriels. — Dès lors, il nous paraît rationnel d'intituler « ostréiculture publique » la partie de notre travail qui a trait à ces bancs. En effet, il y a bien dans leur exploitation « culture de l'huître » ; puisque, comme nous le verrons, l'Etat s'applique non seulement à conserver et à reconstituer les gisements naturels, mais encore à les aménager et à les améliorer, de façon que l'huître y puisse trouver les conditions les plus propres à son développement et à sa reproduction. Et cette « culture » de l'huître est bien « publique », tant dans ses procédés que dans ses résultats et dans la distribution de ses produits, ainsi qu'il sera expliqué. — L'ostréiculture publique formera le Titre II de notre travail. Ce titre comprendra lui-même deux chapitres : le premier aura trait à la pêche de l'huître ; le deuxième, à la surveillance, à la conservation, à l'entretien, à l'aménagement et à la reconstitution des bancs naturels.

3º Enfin, « l'ostréiculture privée », ou ostréiculture proprement dite, formera notre Titre III, qui sera subdivisé en trois chapitres : conditions *juridiques*, conditions *économiques*, conditions *sociales*.

Le plan de notre étude sera donc le suivant :

TITRE Ier. — Notions élémentaires d'histoire naturelle sur l'huître et ses ennemis.

TITRE II. — Ostréiculture publique.

CHAPITRE Ier. — Pêche.

CHAPITRE II. — Surveillance — Conservation — Entretien Aménagement — Reconstitution des Bancs naturels.

TITRE III. — Ostréiculture privée.

CHAPITRE Ier. — Conditions juridiques.

CHAPITRE II. — Conditions économiques.

CHAPITRE III. — Conditions sociales.

TITRE PREMIER

Notions élémentaires d'histoire naturelle sur l'Huître et ses ennemis.

De même que l'agriculture, l'ostréiculture n'a pas encore rompu avec les procédés empiriques ; mais, comme celle-là, celle-ci n'a pas de plus puissant auxiliaire que la science ; et, si la science n'a point jusqu'à ce jour élucidé toutes les questions, dégagé toutes les inconnues, c'est à elle cependant que l'industrie huîtrière est redevable des progrès considérables accomplis pendant la dernière moitié du siècle.

Tous les règlements sur la pêche côtière et l'aquiculture qui ont été promulgués depuis 1852 se sont successivement inspirés des découvertes scientifiques, comme le spécifient les rapports ou instructions qui les accompagnent.

Récemment encore, dans une circulaire du 30 décembre 1898, mettant à l'étude un projet de nouveau décret sur les pêches maritimes, M. Lockroy, Ministre de la Marine, écrivait :

« En présence des critiques vives, nombreuses, parfois
» justes, mais souvent contradictoires, dont étaient l'objet
» ces règlements, le concours de la science pouvait seul per-
» mettre d'y apporter rationnellement les réformes néces-
» saires. C'est, en effet, la science qui, sans se dégager ce-
» pendant de tout empirisme, a créé et fait prospérer une
» industrie maritime considérable, l'ostréiculture. Mesurant
» tout le profit qu'elle aurait à s'appuyer sur la science,
» l'Administration a reconnu la nécessité d'instituer auprès
» d'elle, pour lui servir de conseiller scientifique, un Ins-
» pecteur général des Pêches ; et, c'est à la suite des mis-

» sions effectuées sur notre littoral par ce fonctionnaire,
» qu'ont été réunis les éléments de l'enquête technique
» ayant servi de base à la refonte de notre règlementation
» des pêches maritimes, actuellement à l'étude..... »

Il importe donc de donner, au début de ce travail, quelques notions scientifiques indispensables, sans lesquelles notre étude manquerait de la clarté désirable. Nous les réduirons, d'ailleurs, au strict nécessaire.

Deux espèces d'huîtres vivent sur nos côtes : l'huître française et l'huître portugaise.

1° Huîtres Françaises.

Toutes les variétés de l'huître indigène comestible que l'on rencontre sur le littoral français se rapportent au type *Ostrea edulis*.

Nous n'entrerons pas dans le détail anatomique de son organisme, assez rudimentaire. Ce qui caractérise surtout l'*Ostrea edulis* et la différencie des autres espèces, telles que l'huître portugaise et l'huître américaine, c'est son mode de reproduction. Elle est, en effet, hermaphrodite et androgyne; c'est-à-dire qu'un même sujet, quoique pourvu des deux sexes, n'en met en jeu qu'un seul à la fois. Il n'y a pas, par conséquent, auto-fécondation, ni même rapprochement des sexes, comme chez certains hermaphrodites. L'huître-mère, garnie d'œufs, reçoit les spermatozoïdes d'un autre sujet, et la fécondation a lieu dans le manteau de la mère, qui, après l'émission du naissain, pourra jouer le rôle contraire.

On comprend l'intérêt de la connaissance d'une semblable loi biologique ; car, si l'huître-mère est gênée dans ses mouvements, si elle est recouverte d'une couche de vase ou d'impuretés, elle ne peut recevoir le pollen fécondant et demeure stérile ; elle ne produit que des « œufs blancs. » Ce qui explique la faible proportion des huîtres fécondées pendant la saison du frai (environ 15 à 20 %).

Cette saison est subordonnée aux influences climatériques; elle varie avec les années et les latitudes. Mais, sur nos côtes, on admet généralement qu'elle s'étend de mai à septembre ; et tel est le motif de l'interdiction de la pêche des huîtres pendant cette période.

L'huître pond environ un million de naissains ; quelques savants donnent même un chiffre plus élevé. Malheureusement, la plupart des jeunes sont vouées à la destruction pendant la première phase de leur existence, dite *phase pélagique*.

Les larves, armées d'un appareil natatoire composé d'une couronne extérieure de cils vibratiles appelée « voile », s'en vont nageant, à la recherche d'un collecteur. Mais combien peu atteignent le substratum favorable ! Mille dangers les guettent. Les unes sont la proie des poissons, les autres s'échouent dans la vase où elles meurent.

Il leur faut pour se fixer un corps suffisamment dur et propre. Une fois fixées, leur voile s'atrophie et, devenu inutile, tombe. Le naissain n'a plus qu'à se développer. « Aux dimensions près, il est alors l'image exacte d'une huître adulte », selon l'expression du Dr Roché, ancien Inspecteur général des pêches maritimes.

A son tour, il fournira du naissain, quelquefois dès la première année ; mais l'huître n'est en pleine activité reproductrice qu'à partir de trois ans.

Les pêcheurs et les ostréiculteurs s'accordent à penser que, dans un instinct de conservation de l'espèce, l'huître émet son naissain à la mer montante, au prime flot, et non au jusant, afin qu'il ne soit pas emporté au large. Une pareille hypothèse semble actuellement se vérifier dans le bassin de Saint-Servan, qui est littéralement garni de naissains, au point d'obstruer les crépines du dock des torpilleurs.

Or, il serait difficile de supposer que ce naissain provînt de la Rance, dont les anciens gisements sont ruinés. Il n'a pu venir que des bancs de la baie, d'où il a été apporté par le flot.

Une remarque importante, c'est que la stabulation est un obstacle à la reproduction huîtrière, à moins que les sujets ne soient parqués dans de grands plans d'eau, où ils retrouvent toutes les conditions naturelles nécessaires à leur complète évolution biologique. On ne s'étonnera pas de ce résultat, si l'on réfléchit à l'influence de l'action des courants, qui transportent le pollen fécondant. Sans doute aussi, l'engraissement anormal est-il, comme chez d'autres animaux, une cause de stérilité.

Quand l'huître est définitivement fixée sur un collecteur, elle est loin d'être désormais à l'abri de tout danger. Nombreux sont ses ennemis, nombreuses ses maladies, qu'il faut connaître pour les combattre. Nous allons les passer rapidement en revue :

Les ennemis de l'huître appartiennent à tous les règnes de la nature.

ANIMAUX. — *Dans le règne animal*, nous trouvons différentes espèces de poissons. Les plus redoutés de ces ostréiphages sont une variété de dorade, appelée « *gueule pavée* » dans le Morbihan, à cause de sa dentition, et la pastenague commune, d'un genre voisin de la raie, que les Arcachonnais désignent sous le nom de « *thère* ». Pour lutter contre elle, ils entourent leurs établissements de branches de tamaris ou de pin, fixées dans le sol et assez rapprochées pour constituer une barrière infranchissable. Dans la Seudre, les ostréiculteurs ont essayé de protéger leurs huîtres indigènes en leur formant un cordon d'huîtres portugaises, dont le goût plus prononcé a les préférences de la thère.

Parmi les crustacés, les huîtres ont à redouter les crabes, particulièrement le crabe enragé, qui s'attaque surtout aux naissains et aux sujets blessés. C'est un ennemi dangereux, auquel on donne la chasse à marée basse et qu'on capture aussi à l'aide de pièges spéciaux. Mais il en reste toujours un trop grand nombre, et les ostréiculteurs protègent contre lui leurs élèves en les déposant, pendant le premier âge, dans des caisses ostréophiles, et, après l'étendage sur le sol, en plaçant des grillages aux prises d'eau ou autour de leurs établissements. Les Arcachonnais ont un dispositif particulier, qui a fait donner à leurs claires le nom de « claires blindées ». C'est, au sommet des murets d'enceinte, un rebord métallique horizontal, que les crabes sont impuissants à franchir.

On incrimine aussi la crevette. Elle attaque certainement l'huître entrouverte, mais il ne paraît pas qu'elle cause de sérieux dommages.

De tous les coquillages, l'adversaire le plus redoutable est le *murex tarentinus*, vulgo *bigorneau-perceur*. Armé d'une trompe et d'une langue ou râpe garnie d'épines dures, dont l'action est peut-être encore activée par la secrétion d'un liquide corrosif, il perce la coquille de l'huître, dont il suce la substance. La victime, se sentant menacée, s'épuise en vains efforts pour reconstituer, au-dessous du point d'attaque, une coquille de fortune ; elle y use toute son énergie vitale, mais sans succès. La victoire demeure toujours à l'assaillant. Les pièges n'ont pas procuré les résultats désirables. Le meilleur procédé consiste à donner la chasse aux bigorneaux-perceurs et à détruire leurs pontes, facilement reconnaissables. C'est par ce moyen qu'on a pu régénérer certains bancs, notamment ceux de la baie de Bourgneuf. Mais il faut naturellement, pour réussir, que les huîtrières découvrent à la basse-mer. Cet ennemi est, d'ailleurs, assez susceptible au froid. A la suite du grand hiver de 1879-1880, il avait complètement disparu des coureaux d'Oléron. Comme il y est revenu quelques années après, on voit que la vigilance ne doit jamais se relâcher. Il ne paraît pas, probablement pour le même motif, dépasser certaines latitudes. On n'en rencontre point en Hollande, où il inspire une telle frayeur que l'importation des huîtres de France y est rigoureusement interdite, car il pond parfois sur ses victimes.

Selon quelques auteurs, d'autres gastéropodes seraient également à craindre ; mais ils sont loin de causer autant de ravages que le bigorneau-perceur.

A la différence des précédents, la moule ne s'attaque pas

directement aux huîtres ; mais elle n'en constitue pas moins
un grave danger pour elles ; parce que, de même que les
huîtres portugaises, les moules déterminent, dans les parages où elles séjournent, des amoncellements de vase, absolument nuisibles à l'huître, comme nous le verrons plus
loin. Ces amoncellements ne proviennent pas exclusivement
des dépôts vaseux arrêtés par les agglomérations moulières;
ils sont dûs aussi à la vase organique expulsée par ces mollusques à la suite du travail de la nutrition. Les remar-
quables expérieuces d'Henri Viallanes ont démontré que
« l'activité filtrante » de la moule est trois fois plus grande
que celle de l'huître; en d'autres termes, qu'elle secrète trois
fois plus de vase organique. Viallanes tire, en outre, de ses
expériences la conclusion que le pouvoir de filtration des
mollusques est proportionnel à la quantité de nourriture
qu'ils sont aptes à se procurer dans le milieu ambiant. D'où
il résulte que la moule située dans le voisinage de l'huître
s'alimente au détriment de cette dernière et risque de l'affa-
mer. Les invasions moulières sur les fonds huîtriers doivent
donc être combattus par tous les moyens possibles. L'enlèvement par la drague ou l'arrachement à la main, suivant le
cas, est le plus efficace. Sur certains points, l'invasion n'est
que temporaire, ainsi qu'on l'a constaté dans les coureaux
d'Oléron ; les moules, au bout d'un certain temps, abandonnent l'huîtrière envahie, soit que les gros temps les déra-
cinent et les emportent, soit, qu'ayant détaché leur byssus,
elles partent à la recherche d'un habitat plus approprié. Mais
il serait imprudent d'escompter ces adjuvants naturels, et,
dans la concurrence vitale entre la moule et l'huître indigène,
l'homme doit toujours intervenir.

Plus encore que la moule, l'huître portugaise, dont nous
ferons plus loin une étude spéciale, est une concurrente
dangereuse pour l'huître indigène, car sa puissance de
filtration est à celle du mollusque français dans le rapport
de 5,5 à 1.

Les Etoiles de mer s'attaquent directement aux huîtres,

qu'elles étreignent, dont elles râpent les valves, et qu'elles absorbent ensuite. Il convient d'en débarrasser les gisements. Mais, comme elles sont encore plus avides de moules, on a songé à les utiliser pour combattre celles-ci lorsqu'elles envahissent un banc huîtrier, et l'essai a donné de bons résultats sur le banc de Charret, dans le quartier de Marennes. Leur œuvre accomplie, on a vigoureusement pourchassé ces auxiliaires momentanés.

Les vers marins compromettent aussi la prospérité des colonies huîtrières, par suite de la concurrence vitale. D'après MM. Audouin et H. Milne-Edwards, c'est aux annélides qu'il faudrait attribuer le dépeuplement du banc « de la Rage » dans la baie du Mont Saint-Michel. Ce qui est certain, c'est que les hermelles se trouvaient en telle abondance sur ce banc que le service hydrographique l'a dénommé « *banc des Hermelles.* » — Le Dr Henri Leroux avait lutté avec assez de succès contre les arénicoles par un chaulage des fonds, mais un semblable procédé n'est possible que sur les fonds émergents et dans les établissements privés. Sur les bancs naturels, un dragage rationnel semble le seul remède.

Enfin, au bas de l'échelle animale, nous trouvons les ascidies. Indépendamment de l'envasement qu'elles provoquent, elles exercent une autre action nocive : frayant généralement avant les huîtres, elles recouvrent de leur masse gélatineuse les collecteurs, qui ne sont plus aptes à recevoir le naissain. Dans les parcs de reproduction, on utilisera cette observation en ne plaçant les collecteurs artificiels qu'après la ponte des ascidies.

Végétaux. — Certaines plantes marines sont dommageables aux huîtres. Elles agissent de façon différente, suivant qu'elles sont mortes ou vivantes. Les premières, en se déposant sur les fonds et en s'y décomposant, forment une vase putride, qui est un véritable poison pour le mollusque. Les secondes s'attachent aux huîtres, et, à la faveur des courants, les entraînent avec elles. L'arrachement à la main, le nettoyage avec la drague, selon le cas, sont les moyens à employer. Un ostréiculteur du Morbihan avait eu recours à un procédé ingénieux, qui ne s'est cependant pas généralisé. Il consiste à répandre dans les parcs des vignots, ou bigor- neaux comestibles. Ce gastéropode pâture le limon vert ; il l'empêche à la fois de se développer et d'opposer un obstacle à l'enlèvement des vases par les courants. Par ailleurs, les établissements ainsi traités forment de véritables parcs d'en- graissement pour les vignots, dont l'écoulement est facile sur les marchés.

Dans quelques circonstances, les plantes marines sont, au contraire, des auxiliaires. C'est ainsi que les parqueurs du Rocher d'Aire, près de Marennes, couronnent les murets d'enceinte de leurs établissements de pierres recouvertes de goëmon vivace. Sous l'action des courants de flot et de jusant, ces touffes de goëmon font l'office de balais et s'opposent à l'envasement des parcs.

MINÉRAUX. — De ce qui précède, il ressort que les vases qui se déposent sur les fonds ont une triple origine. Elles sont, en effet, d'essence purement minérale, provenant des érosions des rivages ou des rives fluviales ; d'essence végé- tale, provenant de la décomposition des plantes marines ; d'essence organique, provenant des agglomérations de secré- tions animales.

Par elles seules, les premières ne seraient nuisibles que si elles étaient excessives : elles ne contiennent pas de germes toxiques. Il n'en est pas de même des autres, et nous verrons qu'on peut leur attribuer, au moins en partie, les maladies des huîtres, puisque ces maladies disparaissent quand les sujets atteints sont transportés sur des fonds propres ou que leur gisement est convenablement nettoyé.

L'étude du régime du cheminement et du dépôt des vases serait assurément intéressante. Elle a été faite, en partie, par M. l'Ingénieur Hausser, au point de vue qui nous occupe. Mais elle nous entraînerait trop loin.

On peut dire, d'une manière générale, que la vase à base minérale prédomine en Aunis, et, qu'au contraire, c'est surtout la vase à base végétale qu'on rencontre dans le Morbihan, où les agissements des parqueurs ne paraissent pas, d'ailleurs, étrangers à l'envasement des bancs naturels des rivières : les bouquets de collecteurs de leurs établissements, les travaux d'art accessoires construits pour le service de ceux-ci, tels que les cales et chaussées, constituent certainement des obstacles à la libre circulation des vases en suspension. De là, la nécessité d'un fréquent dévasement des huîtrières situées au-dessous des parcs.

MALADIE DES HUITRES. — Nous nous bornerons à l'indication des principales :

La maladie du « *pied* », observée par M. Giard, serait due, d'après ce savant, à un champignon. L'affection, qui porte sur le muscle adducteur, n'influe pas sur la salubrité du mollusque, mais elle entrave ses fonctions nutritives et provoque l'amaigrissement. Une épidémie de maladie du « *pied* » a sévi en 1877 dans le Bassin d'Arcachon.

Le « *typhus* », qui se manifeste, à l'extérieur, par l'arrêt de la pousse et par le clivage des coquilles, à l'intérieur, par la coloration en noir-bleuâtre de la surface interne des valves, par l'amaigrissement et la saveur nauséeuse du mollusque, se produit lorsqu'une trop grande quantité d'huîtres est accumulée sur un même point.

Quant au « *chambrage* », caractérisé par la production dans le talon de la valve inférieure d'une poche ou chambre renfermant un liquide fétide, on l'attribue communément à la cause suivante : les huîtres envasées, pour se débarrasser du liquide vaseux qui les empoisonne, secrètent une cloison pour isoler ce liquide dans une poche éliminatrice. Bien que courante, l'explication n'est pas admise par tous les savants. Mais il est un fait certain, c'est que la vase doit être ici incriminée, attendu que le chambrage n'existe pas chez les huîtres vivant sur des fonds propres et qu'il disparaît chez celles dont l'habitat est nettoyé ou changé.

Comme le chambrage, la maladie « *du pain d'épice* » ne s'accuse pas chez les mollusques vivant dans les conditions de propreté voulues, et elle se guérit quand les huîtres atteintes, même gravement, ont été transportées dans des eaux pures. Elle est provoquée par une éponge perforante, la *clione celata*, de Grant. Les valves sont perforées, remplies d'une substance molle d'un jaune sale, dégageant une odeur phosphorée. Elles s'écrasent facilement sous une simple pression du doigt. L'huître arrive au dernier degré d'amaigrissement. M. Giard et le Dr Charles Robin, après avoir constaté que la *clione celata* est avide de calcaire, avaient proposé d'immerger, sur les fonds où elle cause des ravages, des blocs de pierres calcaires pour détourner le fléau. Mais le remède eût manqué d'efficacité ; c'eût été fixer à demeure la *clione celata* sur les fonds contaminés.

Le Dr Brocchi, ayant observé que ce parasite ne vit qu'à une certaine profondeur, avait émis l'avis que les huîtres atteintes devaient être transportées à l'accore des bancs, sur la partie où les fonds sont le plus élevés. La précaution est bonne pour sauver les sujets malades ; mais elle ne donne pas les moyens de reconstituer les gisements ainsi dépouillés. Un traitement dont l'expérience a démontré la valeur a été, vers 1877 ou 1878, appliqué au banc des Loqueltas (Rivière d'Auray). Ce gisement a été dragué à blanc, nettoyé à fond, et on n'y a rejeté que les huîtres saines, qui étaient généralement des huîtres jeunes. Le banc n'a pas tardé à reprendre son ancienne prospérité.

Enfin, l'introduction de corps étrangers dans l'intérieur des coquilles détermine une maladie particulière, appelée maladie du « *sable* », quand l'huître ne peut parvenir à les expulser. C'est une affection peu grave, qui se traduit par l'isolement, sous une couche nacrée, secrétée rapidement par l'huître, des grains de sable accidentellement entrés dans la coquille. On dirait quelquefois une secrétion perlière. Cette particularité, d'après le Dr Roché, se remarquerait surtout à la suite des gros temps.

2° Huîtres Portugaises.

L'implantation des huîtres portugaises sur nos côtes de l'Ouest est de date récente.

En 1866, un ostréiculteur fit venir un chargement d'huîtres du Tage, à destination d'Arcachon. Contrarié par le mauvais temps, le bâtiment qui les apportait fût forcé de relâcher en Gironde, et, comme les huîtres étaient corrompues par un trop long séjour à bord, le capitaine fit jeter sa cargaison dans le fleuve. Mais quelques sujets avaient survécu ; ils firent souche. En peu d'années, d'immenses bancs d'huîtres portugaises garnirent la Gironde et s'étendirent bientôt le long du littoral jusqu'au-delà de l'Ile de Ré. S'ils n'ont pas dépassé l'embouchure de la Loire, on pense que le frai a dû en être empêché par les courants du Gulf-Stream.

L'importation de la portugaise est une nouvelle richesse, d'autant que son goût s'est amélioré dans nos eaux ; mais, en même temps, la portugaise constitue un grave danger pour l'huître indigène.

Nous l'avons énumérée parmi les pires ennemis de celle-ci, et nous avons vu comment elle l'envasait, en s'alimentant à ses dépens. Elle agit encore d'autre sorte dans son œuvre de dépossession.

Nous savons déjà qu'elle est unisexuée. Aussi, bien que par ailleurs, elle présente à peu près les mêmes caractères que l'*ostrea edulis*, quelques savants refusent-ils de la classer dans la catégorie des huîtres et, sous le nom de « *gryphea angulata*, » ils la rangent dans une catégorie spéciale de mollusques.

La fécondation, comme pour certaines espèces de poissons, a lieu à l'extérieur, après la ponte, ainsi qu'il résulte des expériences de M. Bouchon - Brandely, prédécesseur du Dr Roché à l'Inpection générale des pêches. La recherche des œufs, au sein des eaux, par les spermatozoïdes semblerait devoir être une cause d'infériorité reproductrice pour la portugaise. Il n'en est rien cependant, et la rapidité avec

laquelle elle a envahi nos côtes occidentales le prouve. C'est
que la portugaise est d'une extrême fécondité (on estime que
la femelle pond 4 millions d'œufs en une saison) et qu'elle
est douée d'une très grande « rusticité », pour employer
l'expression consacrée. Elle l'emporte ainsi de beaucoup sur
l'huître française, et par sa puissance prolifique et par son
pouvoir de résistance. C'est une race conquérante au premier
chef. L'Etat et les particuliers devront donc prendre de sages
mesures de précaution pour préserver les gisements naturels
et les établissements privés. Déjà, sur certains bancs, la
substitution d'une espèce à l'autre est consommée et les
mytiliculteurs eux-mêmes ne sont pas à l'abri des atteintes
de la gryphée, car la partie supérieure des bouchots à moules
de Brouage est garnie de naissains de portugaises.

On a basé sur cette observation une hypothèse qui paraît
s'être vérifiée en d'autres lieux, à savoir que la portugaise
recherchait de préférence les fonds élevés. Il y a peut-être là
une indication qui pourrait être utilisée dans la pratique, et
l'on se demande si l'étude plus approfondie des habitats
d'élection de chacune des deux espèces ne permettrait pas
d'arriver à faire, en quelque sorte, la part du feu.

Pour en terminer avec la portugaise, nous devons mentionner une question qui, à une certaine époque, a vivement
passionné les ostréiculteurs. Deux de ceux qui ont laissé un
nom dans la science et dans l'industrie, le Dr Gressy, de
Carnac, et le Dr Leroux, avaient émis l'avis que l'ostréiculture
française était menacée par l'hybridation de l'*ostrea edulis* et
de la *gryphea angulata*. D'après ces savants, l'espèce indigène
devait disparaître par le métissage. Une semblable théorie,
combattue par Charles Robin et le Dr Brocchi, ne peut plus
aujourd'hui avoir aucun partisan, depuis les travaux qui ont
démontré, avec l'unisexualité de la portugaise, l'impossibilité
du mélange des deux races. C'est un danger de moins. Il en
subsiste assez.

TITRE II

Ostréiculture publique.

L'huître vit par agglomérations. Les bancs naturels ne sont plus, comme jadis, de simples champs d'exploitation pour le pêcheur. Ils constituent, en outre, la source de la richesse ostréicole, et sans eux l'industrie huîtrière n'existerait pas. Ils fournissent à celle-ci la matière première sous une double forme : le naissain, qui lui est apporté naturellement par la mer ; des sujets adultes, qui lui sont apportés par la main de l'homme.

Aujourd'hui, par suite, selon la théorie exposée dans notre plan, les gisements ostréifères naturels doivent être regardés comme de grands parcs, qui sont gérés par l'Etat et dont les produits sont, sous certaines conditions, abandonnés par lui aux particuliers.

Il semblerait donc logique, avant d'étudier la façon dont ces produits sont capturés ou recueillis, d'examiner comment l'Etat surveille, aménage, conserve, entretient, améliore et reconstitue les placers huîtriers.

Mais l'intervention de l'Etat, telle qu'elle s'exerce actuellement, est tout à fait moderne. Autrefois, comme nous venons de le dire, les bancs n'offraient d'intérêt qu'au point de vue de la pêche, dont les produits étaient le plus généralement livrés directement à la consommation et, sur quelques points seulement, entreposés en partie dans des établissements de stabulation.

Aussi, nous paraît-il préférable, en descendant le cours des âges et en suivant l'ordre chronologique, de traiter d'abord la question de la pêche des huîtres, qui se rattache à la question plus générale de la pêche côtière.

CHAPITRE Ier

Pêche des Huîtres.

Les bancs naturels situés dans la mer territoriale ou ses dépendances (les seuls dont nous ayons à nous occuper) font partie du domaine maritime qui appartient au souverain et sur lequel la pêche est libre pour les nationaux, dans les conditions déterminées par le souverain.

La loi romaine avait déjà posé le principe de la liberté de la pêche côtière, comme on le voit au Digeste, Loi 13, de Injuriis :

« *Si quem ante œdes meas vel ante prœtorium meum piscari*
» *prohibeam, quid dicendum est? Me injuriarum judicio teneri*
» *an non ? Et quidem mare commune omnium est et littora*
» *sicut aer, et est sæpissime rescriptum non posse quem piscari*
» *prohiberi.* »

Dans notre ancien droit, le même principe est proclamé par l'Ordonnance de la Marine du mois d'août 1681. L'article 1er du titre I du Livre V est, en effet, ainsi conçu :
« Déclarons la pêche de la mer libre et commune à tous nos
» sujets, auxquels nous permettons de la faire, tant en pleine
» mer que sur les grèves, avec les filets et engins permis
» par la présente Ordonnance. »

Et la sanction de ce principe se trouve écrite dans les articles 9 et 10 du Titre III du Livre V.

Article 9. — « Faisons aussi défense aux seigneurs des
» fiefs voisins de la mer et à tous autres de lever aucun droit,
» en deniers ou en espèces, sur parcs et pêcheries et sur les
» pêches qui se font en mer ou sur les grèves, et de s'attri-
» buer aucune étendue de mer pour y pêcher à l'exclusion
» d'autres, sinon en vertu d'aveux et dénombrements reçus
» en nos Chambres des Comptes avant l'année 1544, ou de
» concessions en bonne forme, à peine de restitution du
» quadruple de ce qu'ils auront exigé et de 1,500 livres
» d'amende. »

Article 10. — « Faisons pareillement défense à tous gou-
» verneurs, officiers et soldats des isles et des forts, villes et
» châteaux construits sur le rivage de la mer, d'apporter
» aucun obstacle à la pêche dans le voisinage de leurs places,
» et d'exiger des pêcheurs argent ou poisson pour le leur
» permettre, à peine, contre les officiers de perte de leurs
» emplois, et contre les soldats de punition corporelle. »

La pêche sur les étangs salés communiquant avec la mer
était toutefois demeurée indûment soumise à des droits de
fermage et de licence qui ne furent supprimés que par l'article 7 de la Loi de Finances du 1er mai 1822.

D'ailleurs, malgré les efforts constants du pouvoir royal,
dans une lutte dont les détails nous entraîneraient trop loin
en dehors de notre sujet, des abus persistèrent, et il est
curieux de voir que le 19 février 1851, alors que les nouveaux règlements étaient en préparation, la pêche était encore mise aux enchères et affermée par le Département de la
Guerre dans les eaux maritimes situées à proximité de certains forts à Marseille. Cet état de choses ne cessa qu'en 1854,
après la promulgation de ces règlements.

Enfin, le principe de la liberté a été, en dernier lieu, con-
sacré par l'article 46 des Décrets Règlementaires du 4 juillet
1853 et par l'article 57 de celui du 19 novembre 1859, rendus
en exécution et pour l'application, dans les cinq arrondissements maritimes, du Décret-Loi du 9 janvier 1852 sur la
pêche côtière.

Aux termes de ces articles, « la pêche est libre, c'est-à-dire
» sans fermage ni licence, à la mer, sur les côtes, dans les
» étangs salés, ainsi que dans les fleuves, rivières, canaux,
» plans ou cours d'eau communiquant directement ou indirec-
» tement avec la mer, jusqu'aux limites de l'inscription
» maritime. »

Toutefois, si, entre ces limites et le point de cessation de
la salure des eaux, la pêche est libre et exempte de licence,
elle y est soumise aux règles d'ordre et de police édictées par
la loi sur la pêche fluviale.

Sous l'empire de l'ancienne législation, aucune restriction n'était apportée à la pêche des huîtres, qui se pratiquait soit en bateau, soit à pied. Il est même à remarquer que l'Ordonnance de 1681 est muette sur cette pêche, qui était plus favorisée que les autres, à cause de l'innocuité qu'on lui attribuait. On considérait, en effet, les fonds coquilliers comme inépuisables, ainsi que le rapporte Valin, qui partageait, d'ailleurs, cette opinion.

Ainsi, tandis que la dreige ou drague et, d'une manière générale, les filets ou arts traînants, prohibés par l'Edit de mars 1584, puis successivement autorisés, défendus, rétablis ou tolérés, suivant les circonstances, par divers actes royaux, étaient interdits par la Déclaration du roi du 23 avril 1726, sauf en ce qui concernait le pourvoyeur de « ses bouche et maison », la drague spéciale à la pêche des huîtres était maintenue en ces termes par l'article 36 de la Déclaration de 1726 : « La pêche de l'huître continuera d'être faite avec la » dreige armée de fer de la même manière et ainsi qu'il s'est » pratiqué jusqu'à présent. »

Seules, parmi les espèces coquillières, les moules paraissent avoir besoin d'être protégées. L'article 18 du Titre III du Livre V de l'Ordonnance de 1681 défendait « de dreiger sur » les moulières, d'en râcler les fonds avec couteaux et » autres semblables ferrements, d'arracher le frai des moules » et d'enlever celles qui n'étaient pas encore en état d'être » pêchées. »

En ce qui concerne la pêche à pied des huîtres sur les fonds découvrant à la basse-mer, le silence des anciens textes autorise à penser qu'elle n'était soumise à aucune réglementation restrictive.

On doit se demander pourquoi le législateur d'autrefois, qui se préoccupait de la conservation des richesses ichthyologiques et moulières, se désintéressait ainsi de la protection des richesses huîtrières ; ou, en renversant la proposition, pourquoi il ne considérait pas les deux premières inépuisables comme la troisième. Il semble pourtant, au premier

abord, que la situation dût être identique sous ce rapport.
Car, en raison de la difficulté et de la lenteur des moyens de
transport par terre, tous les produits de la mer étaient
consommés sur le littoral, le plus communément même dans
la région où ils avaient été capturés, et nul intérêt ne devait,
comme aujourd'hui, inciter les pêcheurs à une exploitation
intensive des fonds. Ils eussent été embarrassés d'une surproduction.

Mais c'est là une simple apparence. Les filets traînants
remorqués dans le voisinage de la côte ramènent avec les
sujets adultes propres à la consommation une quantité considérable de petits poissons et d'alevins qui sont morts ou
dans un tel état que le rejet à la mer ne saurait les ranimer
et dont la destruction inspirait des craintes légitimes. De là,
les interdictions successives que nous avons rapportées :
lorsque, cédant aux sollicitations des pêcheurs, on avait
rétabli l'usage des filets traînants, on ne tardait pas à en
constater les effets désastreux, et l'on revenait au régime
prohibitif. (Les riverains employaient les alevins, ou *gueldre*,
à l'amendement des terres ; un pareil usage de la gueldre,
bien que plus rare de nos jours, n'a pas complètement
disparu).

Quant aux moules, elles étaient l'objet d'une protection
particulière, parce que la mytiliculture avait, dans notre
pays, devancé l'ostréiculture, qui n'y existait encore qu'à
l'état rudimentaire. Suivant M. Delamare-Debouteville, la
moule jouait un rôle alimentaire très important dans l'antiquité, et, dès l'époque grecque, celles d'Ephèse, renommées
pour leur délicatesse, faisaient prime sur les marchés de la
Méditerranée.

Pas plus d'ailleurs que les procédés antiques de l'ostréiculture, ceux de la mytiliculture n'avaient été importés en
France. Mais, vers 1235, l'Irlandais Walton, dont il existe
encore des descendants à Esnandes, créait dans la baie de
l'Aiguillon, où l'avait jeté la tempête, les premiers bouchots à
moules, qui prirent une si grande extension.

On comprend, dès lors, combien il importait d'assurer, par des mesures préservatrices, la conservation des foyers reproducteurs et du renouvelain qu'ils émettaient.

Le même souci n'existait pas pour les huîtres, dont on était loin alors de songer à utiliser le naissain. On se contentait seulement, sur quelques points, de déposer dans des établissements, qui étaient souvent en même temps des pêcheries à poissons, les sujets qui n'avaient pas trouvé acquéreurs après leur capture sur les bancs naturels. Elles s'y développaient et s'y engraissaient, en attendant la vente.

Mais les gisements huîtriers n'étaient pas aussi inépuisables qu'on le pensait du temps de Valin. Leur exploitation sans frein en amena le dépeuplement ; il fallut prendre des mesures de conservation, et diverses décisions interdirent temporairement la pêche sur les points les plus menacés (du 24 juillet 1816, pour Granville et Canca'e ; du 13 août 1827, pour Paimpol ; du 10 octobre 1829, pour Auray).

Ce n'étaient là que des règlements locaux. La pêche des huîtres continuait à être affranchie de toute entrave sur les autres parties du littoral.

Aussi, comme elle suivait naturellement la même progression que les moyens de transport terrestres, lesquels commençaient à prendre un grand développement, elle ne tarda pas à devenir abusive, et les fonds huîtriers s'appauvrirent, parfois jusqu'à la ruine complète. Les moulières elles-mêmes, quoique plus protégées, n'échappèrent pas toujours au danger. Il importait d'aviser, d'autant que l'ostréiculture allait commencer aussi, sous l'impulsion de Coste, comme nous l'avons dit plus haut, à entrer dans une voie nouvelle.

D'une manière générale, le Département de la Marine se préoccupait de donner un code à la pêche côtière, et, dans ces préoccupations, la question huîtrière tenait une large place.

Après des études entreprises en 1790, en 1806, en 1816, en 1821, en 1846, et que les circonstances politiques ne permirent pas de sanctionner, le ministre confia, le 23 juin

1849, à une Commission, l'examen d'un projet de loi. Ses travaux, terminés le 13 mars suivant, firent, au point de vue juridique, l'objet d'un rapport de Royer-Collard, en date du 25 novembre 1850, reçurent l'adhésion du Conseil d'Amirauté et du Conseil d'Etat et finalement aboutirent au Décret-Loi du 9 janvier 1852, dont les détails d'exécution devaient être assurés par des règlements spéciaux à chacun des cinq arrondissements maritimes. (Décrets déjà cités des : 4 juillet 1853 pour les quatre premiers, 19 novembre 1859 pour le cinquième).

Des commissions locales furent instituées, le 20 janvier 1852, en vue de la préparation de ces décrets règlementaires, et, dans des instructions du 9 juillet de la même année, le ministre Théodore Ducos s'exprimait ainsi :

« Parmi les diverses branches de la pêche côtière, l'une » des plus importantes est, sans contredit, l'exploitation » des huîtrières et des moulières.

» Cette source de richesses, si féconde autrefois sur le » littoral de l'Océan et de la Manche, a été à peu près tarie » par l'insatiable avidité des pêcheurs imprévoyants.

» Rien ne devra être négligé pour fertiliser de nouveau » les fonds aujourd'hui improductifs, et les populations » riveraines ne tarderont pas à ressentir, sous ce rapport, » les effets paternels de la législation qui se prépare en ce » moment. »

Ces sages recommandations ont été suivies par les commissions chargées d'élaborer les décrets règlementaires, et ceux-ci contiennent des dispositions restrictives que nous allons passer en revue, en faisant connaître les actes modificatifs dont l'expérience a démontré ensuite la nécessité.

Parmi ces règles, les unes sont communes à toutes les pêches. Les autres sont spéciales à notre sujet, et leur importance était signalée en ces termes par le ministre Ducos, dans la circulaire d'envoi des décrets de 1853 :

« Il est un point sur lequel je ne saurais trop insister : je » veux parler de l'application des dispositions des Décrets

» relatives à là conservation du coquilage, et qui fourniront
» les moyens de préserver les huîtrières actuellement exis-
» tantes, de repeupler celles qu'une exploitation impré-
» voyante a détruites, et même d'en créer de nouvelles.

» J'attends donc des Administrateurs le zèle le plus persé-
» vérant pour réaliser, en faveur des populations maritimes,
» un des bienfaits les plus certains de la législation nouvelle.
» Si l'emploi de ces moyens doit entraîner des dépenses, ils
» ne devront point s'arrêter devant cette considération et ils
» formuleront leurs propositions tout en s'attachant à les
» renfermer dans les limites les plus exactes. »

Tout d'abord, il convient de fixer les idées sur ce qu'on
doit entendre par le principe de la liberté des pêches. Il ne
faudrait pas croire que la pêche côtière, du moins quand elle
est pratiquée en bateau, soit permise à tous les citoyens,
comme elle l'était jadis à tous les sujets du roi. Si tous les
citoyens, en effet, ont la jouissance du droit de pêche maritime, il s'en faut qu'ils en aient tous l'exercice. Celui-ci est
réservé aux seuls inscrits maritimes, montant des bateaux
régulièrement armés avec un rôle d'équipage. Les articles 2
et 3 de la loi du 20 juillet 1897, régularisant d'anciennes tolé-
rances, autorisent, il est vrai, les non-inscrits porteurs de
permis de navigation de plaisance ou de permis de circulation
pour les exploitations riveraines à pêcher, moyennant une
redevance à la Caisse des Invalides de la Marine, avec tous
engins non prohibés, mais accidentellement, à titre de passe-
temps, sans la faculté de pouvoir vendre les produits capturés.
Cependant, malgré le silence du texte, nous n'hésitons pas à
penser qu'il ne saurait s'appliquer à la pêche des huîtres,
vu les conditions particulières dans lesquelles elle s'exerce.

Il ne suffit pas, en effet, d'être inscrit maritime pour prendre part à la pêche des huîtres ; il faut en général (et c'est
encore une restriction à la liberté des pêches) que le patron
et son bateau soient immatriculés dans le quartier où se
trouve situé le gisement à exploiter. Les patrons étrangers à
ce quartier n'y sont admis qu'en si petit nombre et sous de

telles réserves qu'ils ont renoncé à se déplacer pour jouir d'une si mince faveur. Sur certains points, l'interdiction est même absolue : le patron et son équipage doivent appartenir, ainsi que le bateau, au quartier maritime d'où dépend le banc d'huîtres à pêcher ; mais, par contre, pour compléter les équipages insuffisants, on a été conduit, dans ce cas, à tolérer l'embarquement des femmes et filles des inscrits du quartier sur les bateaux dragueurs, notamment dans le Morbihan.

La pêche à pied, lorsqu'elle est autorisée, peut être pratiquée par des non-inscrits. Nous y reviendrons. Occupons-nous de la pêche en bateau.

Le personnel qui s'y livre étant connu, voyons dans quelles conditions de temps, de lieu et de mode elle est exercée. Les décrets de 1853-1859, modifiés par celui du 10 mai 1862, renferment des dispositions communes à l'Arrondissement et des dispositions particulières à chaque Quartier intéressé.

Mais, quelle que soit la circonscription, la pêche des huîtres n'est autorisée qu'en dehors de la saison du frai, sur les gisements où elle ne présente aucun inconvénient, avec l'engin réputé à la fois le moins destructeur et le plus convenable au nettoyage des bancs. C'est une opération à deux fins, conciliant les intérêts des pêcheurs avec ceux de l'industrie huîtrière.

Elle est réglée par des Arrêtés qui, pris jusqu'en 1862 par les Préfets Maritimes pour le sous-arrondissement chef-lieu et par les Chefs du service de la Marine pour les autres sous-arrondissements, doivent aujourd'hui, aux termes des articles 8 et 13 du Décret du 10 mai 1862, émaner exclusivement du Préfet Maritime de l'Arrondissement et être soumis à l'approbation ministérielle.

Tous les ans, à des époques qui ont varié depuis les Décrets de 1853, mais qui sont comprises entre le mois d'août et le mois de mars, des Commissions locales procèdent à la visite des bancs et à la constatation des huîtrières découvertes ou récemment formées.

La composition de ces Commissions, qui diffère souvent dans chaque quartier, a également subi des modifications depuis 1853. Elles comprennent des agents de l'Inscription maritime, des patrons-pêcheurs, des gardes-jurés dans les endroits où il en existe, et, dans certains centres, des ostréiculteurs. Elles sont présidées, suivant le cas, par l'officier de vaisseau commandant la station du littoral, par l'inspecteur des pêches ou le syndic des gens de mer, et parfois par le commissaire de l'Inscription maritime.

Les résultats de leurs investigations sont consignés dans des rapports indiquant la situation des gisements anciens et nouveaux, les huîtrières ou portions d'huîtrières susceptibles d'être mises en exploitation pendant la prochaine campagne, l'époque où l'exploitation peut commencer, le nombre de jours et même le nombre d'heures pendant lesquels la pêche pourra être permise, ainsi que la quantité des bateaux à y employer, les huîtrières à tenir en réserve pendant l'année et celles où doivent être reportés les sujets n'ayant pas les dimensions règlementaires ou qui ont été pêchés en contravention. Les rapports mentionnent, en outre, les amers propres à fixer l'exacte délimitation de chaque huîtrière, ou, à défaut d'amers, les bouées à placer dans le même but.

Le travail des Commissions est remis au Commissaire de l'Inscription maritime, qui, dans les quartiers où l'institution existe, consulte la « Communauté des Pêcheurs » et le transmet, avec l'expression de son opinion et un projet d'arrêté, au Commissaire général ou au Chef du service de la Marine. Celui-ci adresse le dossier, accompagné de propositions, au Vice-Amiral, Commandant en Chef, Préfet Maritime, qui prend ainsi l'arrêté en pleine connaissance de cause. Rendu exécutoire par l'approbation du Ministre de la Marine, l'arrêté est porté, par voie d'affiches, à la connaissance des intéressés.

Alors se manifeste dans les ports de pêche un redoublement d'activité : on recrute les équipages, on met en état et on arme les bateaux. On se prépare à une expédition qui, indépendamment du gain qu'elle promet, a toujours un charme nouveau pour le pêcheur, qui préoccupe l'acheteur et à laquelle le simple spectateur n'est pas lui-même indifférent. Rien de pittoresque comme la « caravane » des Granvillais et des Cancalais, dont on vient admirer les bisquines en flotte. Rien de curieux comme la « drague » dans la riante rivière d'Auray, où les pêcheurs obéissent au commandement du canon et où les embarcations des acheteurs, alignées en aval des bateaux dragueurs, attendent, chaque jour, la fin de la pêche pour conclure des marchés dans lequel l'alcool joue, malheureusement, l'office d'intermédiaire. C'est l'ombre au tableau.

Donc, la pêche des huîtres n'est permise qu'aux époques et pendant la durée fixées par le Préfet Maritime. Encore, celui-ci n'a-t-il le droit de l'autoriser que dans la période du 1er septembre au 30 avril. Les Agents préposés à la surveillance peuvent même la suspendre, si, au cours de l'exploitation, ils reconnaissent que les fonds menacent de s'épuiser. Enfin, elle est formellement interdite entre le coucher et le lever du soleil.

Quoique notre étude ne s'applique qu'aux bancs situés dans la mer territoriale, c'est-à-dire dans la zone où s'exerce le droit de souveraineté, nous devons indiquer ici une condition restrictive édictée pour l'exploitation des bancs du large.

Si, en effet, la pêche de tous poissons, crustacés et coquillages est libre toute l'année au-delà de trois milles à partir de la laisse de basse-mer, en vertu du principe de la liberté des mers, que la France a fait triompher, une exception est faite pour les huîtres, qui, même sur les bancs hors baies ou situés à plus de trois milles de nos côtes, ne peuvent être capturées que pendant la période règlementaire du 1er septembre au 30 avril. Le législateur de 1862, bien qu'il ne s'en explique pas, a eu évidemment en vue de prévenir des abus et d'empêcher que, à la faveur d'une liberté absolue d'exploitation, les pêcheurs ne ravageassent clandestinement, et la plûpart du temps impunément, les gisements français durant les mois où la pêche est prohibée sur ces derniers. Il était, du reste, en ce qui concerne la Manche, tenu par la Convention du 2 août 1839 et le Règlement international du 23 juin 1843 avec l'Angleterre, pour la pêche dans la mer commune, — textes rappelés dans le décret du 10 mai 1862 et interdisant aux patrons des deux nations d'avoir à bord, du 1er mai au 31 août « aucune drague ou autre instrument quelconque propre à pêcher des huîtres. » (Des accords ultérieurs avec le gouvernement britannique ont prorogé jusqu'au 15 juin la clôture de la pêche des huîtres dans la mer commune, et exceptionnellement jusqu'au 15 mai en 1899).

Les Arrêtés préfectoraux déterminent, chaque année, les huîtrières qui seront mises en exploitation, parce qu'il est aussi essentiel de limiter l'espace que de limiter la durée. Il s'en faut que tous les gisements ostréifères d'une région soient livrés simultanément à la pêche publique. Il en est même qui ne le sont jamais, comme nous le verrons plus loin.

Quant au mode ou genre de pêche, il est partout identique. Il consiste dans l'emploi d'un engin traînant, appelé « *drague à huîtres* », qui est promené sur les fonds et dont la description se trouve dans les décrets rendus pour l'exécution de la loi de 1852. Après la clôture de la campagne, les dragues sont généralement emmagasinées dans des dépôts assignés par la Commissaire de l'Inscription maritime ; en tout cas, leur présence à bord constitue alors un délit.

Lorsque la pêche de chaque jour est terminée, le triage des huîtres doit être opéré, soit sur les lieux mêmes, soit, en cas d'impossibilité, dans le port. Les sujets n'ayant pas la dimension réglementaire de cinq centimètres sont rejetés sur les fonds, ainsi que les graviers, coquilles saines et tous objets pouvant servir de collecteurs. Au contraire, les vieilles coquilles impropres à cet usage, les goëmons, les animaux nuisibles doivent être mis à terre. Dans quelques Quartiers où il existe des parcs dits « *étalages*, » comme à Cancale, les

huîtres de moins de cinq centimètres peuvent être conservées
pour y être déposées.

La pêche à pied des huîtres ne comporte pas de longs
développements. Elle ne peut être pratiquée qu'à la basse-
mer sur la partie émergente des gisements. C'est une pêche
à pied sec. Nous avons dit qu'elle pouvait être faite par des
non-inscrits. Dans plusieurs localités, ceux-ci sont même les
plus nombreux. Elle consiste en un simple ramassage, sans
emploi d'engin d'aucune sorte. Mais, tandis que, dans certains
endroits, elle est tolérée toute l'année, à chaque grande
marée, comme à Cancale, elle n'est permise, dans d'autres
parages, que pendant la durée de la pêche en bateau, et
enfin, sur d'autres points du littoral, comme dans le Morbihan, elle est rigoureusement interdite en toute saison. La
distinction n'est pas arbitraire : les règlements à cet égard
sont adaptés aux nécessités locales et toujours inspirés par
le souci de la préservation des huîtrières naturelles.

On doit considérer que le pêcheur à pied, qui exploite
exclusivement pour son propre compte les bancs ostréifères,
n'apporte à ceux-ci aucun travail utile et qu'il n'est pas un
collaborateur pour l'Etat, comme le pêcheur en bateau, qui
nettoie les fonds avec sa drague.

Les dispositions qui régissent l'un et l'autre genre de
pêche ont leur sanction dans la loi du 9 janvier 1852. Toutes
les infractions aux règles concernant la matière sont des
délits réprimés, indépendamment du rejet à la mer ou de la
saisie des huîtres capturées et de la confiscation des engins,
par les pénalités édictées dans cette loi (amende et emprisonnement). Les poursuites ont lieu à la diligence du Commissaire de l'Inscription maritime, devant le Tribunal correc-
tionnel.

Toutefois, il est, au regard des inscrits maritimes, un autre
mode de répression prévu par l'article 58 du Décret-Loi
disciplinaire et pénal pour la Marine marchande, du 24 mars
1852, modifié par la loi du 15 avril 1898. Aux termes de cet

article, les Chefs des Quartiers peuvent, lorsque l'infraction ne présente pas de gravité, infliger une punition disciplinaire de cinq jours de prison ou d'interdiction de pêche.

Avant d'aborder la question de la surveillance et de l'aménagement des bancs naturels, il nous reste à indiquer les principaux parages où on les rencontre, à faire connaître les résultats de la pêche qui y est pratiquée et à dire quelques mots de la condition des pêcheurs d'huîtres.

Les huitrières de la baie du Mont Saint-Michel sont actuellement les plus prospères, particulièrement celles qui dépendent du quartier de Cancale. Celles de Saint-Malo paraissent stationnaires ; celles de Granville viennent de s'enrichir d'un nouveau gisement, récemment découvert et classé.

Les bancs des quartiers de Vannes et d'Auray, les seconds surtout, ne le cédaient en rien, il y a une vingtaine d'années, à ceux de la baie du Mont Saint-Michel ; mais les huitrières de Vannes sont à peu près épuisées, et, à Auray, quoique moins grave, la situation est inquiétante.

Elle semble, au contraire, s'améliorer à Tréguier, ainsi qu'à Noirmoutier où l'exploitation a lieu à pied.

La pêche des huîtres donne encore des résultats appréciables au Havre, à Saint-Vaast, à Marennes, à Arcachon malgré l'appauvrissement des gisements naturels du bassin, et, dans la Méditerranée, à Toulon et à La Seyne.

Les autres quartiers où l'on trouve des huîtres françaises, mais en moindre quantité, sont ceux de Dieppe, de Fécamp, de Honfleur, de Caen, de Cherbourg, de Morlaix, du Croisic, de Nantes, des Sables-d'Olonne, de l'île de Ré, de l'île d'Oléron, de Rochefort, d'Agde, de Cette, d'Oran, d'Alger et de Philippeville. Les bancs de la Rance, appartenant aux quartiers de Saint-Malo et de Dinan, sont complètement ruinés (1), comme ceux des rades de Brest et de Lorient.

---

(1) Pendant que notre travail était sous presse, l'ancien banc du Néril, situé en Rance, et abandonné depuis de longues années après des tentatives infructueuses de reconstitution, vient de donner spontanément des signes de résurrection.

Quant aux huîtres portugaises, qui sont pêchées à pied, on les rencontre en masses compactes dans la région que nous avons indiquée plus haut.

Elles sont surtout capturées en abondance dans les quartiers de l'île d'Oléron, de Rochefort, de la Rochelle, de Royan et de Pauillac.

Nous donnons page 36 les résultats de la campagne 1894. Ils sont empruntés à la Statistique officielle publiée en 1896, qui nous a paru le plus propre à fixer les idées, parce qu'elle fait une distinction entre les huîtres indigènes et les huîtres portugaises.

QUARTIERS	QUANTITÉS	VALEURS	
		PÊCHE EN BATEAU	PÊCHE A PIED
HUITRES INDIGÈNES			
Dieppe	2.800	310 fr.	»
Fécamp,	62.700	5.028	»
Le Havre	1.607.900	105.670	»
Honfleur	45.625	3.650	»
Caen	176.600	10.638	»
Saint-Vaast	857.600	51.455	»
Cherbourg	6.950	695	»
Granville	960.230	42.350	457 fr.
Cancale	8.450.000	152.250	36.500
Saint-Malo	338.400	2.280	6.035
Dinan	950	36	35
Tréguier	1.400.000	30.000	»
Morlaix	1.104	56	»
Auray	2.240.750	25.600	»
Vannes	189.000	3.324	»
Le Croisic	12.500	»	375
Nantes	100.000	»	3.900
Noirmoutier	901.400	»	20.281
Les Sables-d'Olonne	70.000	»	140
Ile de Ré	28.350	17	1.400
Ile d'Oleron	5.000	140	»
Rochefort	20.000	»	460
Marennes	200.000	»	1.600
Agde	1.355	203	»
Cette	2.400	350	»
La Seyne	135.600	10.170	»
Toulon	380.000	17.460	»
Oran	8.350	223	»
Alger	60.000	6.000	»
Philippeville	5.000	200	»
Total	18.270.564	468.105 fr.	71.183 fr.
HUITRES PORTUGAISES			
Ile d'Oleron	8.100.000	255 fr.	12.000 fr.
Rochefort	40.000.000	»	52.000
Marennes	1.000.000	»	1.500
Royan	54.713.000	»	37.586
Total	103.813.000	255 fr.	103.086 fr.

M. le Dr Roché résume, dans le tableau suivant, le rendement, en quantités et en valeurs, de l'ensemble de la pêche des huîtres, de 1874 à 1895 inclusivement :

ANNÉES	NOMBRE D'HUITRES	VALEUR
1874	51.637.481	1.857.204 fr.
1875	97.226.592	2.379.709
1876	160.267.396	2.592.707
1877	104.354.081	1.502.951
1878	169.397.046	1.854.564
1879	157.579.968	1.553.147
1880	144.552.625	1.309.791
1881	374.985.770	2.061.753
1882	155.761.399	2.318.727
1883	157.666.246	2.266.578
1884	119.277.795	1.744.935
1885	126.579.817	1.674.826
1886	151.242.737	1.186.730
1887	155.646.278	1.317.996
1888	86.665.189	914.813
1889	129.837.752	538.664
1890	116.812.035	607.667
1891	73.559.697	511.890
1892	135.377.230	578.535
1893	179.840.950	810.636
1894	122.083.564	642.629
1895	121.625.052	651.088

Comme toutes les statistiques, celles-ci doivent être lues
avec circonspection, et il ne faudrait pas se hâter d'en tirer
des conclusions absolues. Les quantités capturées ne sont pas
toujours en fonction de la richesse des gisements. Elles
dépendent aussi du nombre des bateaux employés, de la
durée de la pêche, de l'étendue du champ d'exploitation, du
temps plus ou moins favorable, — facteurs variables d'une
année à l'autre et d'un point à un autre.

Néanmoins, tels qu'ils sont, les chiffres qui précèdent
donnent un suffisant aperçu de l'importance de nos bancs
naturels.

De même, le gain moyen des pêcheurs est quelquefois loin
d'être proportionnel à la richesse des huitrières qu'ils exploi-
tent. La dernière statistique de la marine, celle de 1895 (1), le
fait varier de 535 fr. (pour le Havre) à 5 fr. 40 (pour Arcachon), en ce qui concerne la pêche en bateau, et de 560 francs

____

(1) La statistique de 1896 a été publiée depuis l'achèvement de notre
travail. Elle n'est pas de nature à le modifier.

(pour La Tremblade) à 4 fr. 50 (pour Arcachon), en ce qui concerne la pêche à pied. Les centres les plus importants ne sont pas forcément les plus favorisés sous le rapport des bénéfices individuels, parce que ces bénéfices sont parfois en raison inverse du nombre des pêcheurs. Les bancs d'une prospérité médiocre ne sollicitent guère, en effet, les pêcheurs ; et, moins l'effectif de ceux-ci est élevé, plus s'accroît la part de pêche de chacun.

La rareté et la qualité des produits influent aussi naturellement sur les prix de vente. Ainsi s'explique la disproportion entre les rendements en quantités et les rendements en valeurs de la pêche en bateau et de la pêche à pied. Elles ont rapporté en 1895 :

La première, 24,467,192 huîtres, évaluées 424,573 francs.

La seconde, 97,157,860 huîtres, estimées 226,515 francs.

L'écart provient de ce que la pêche à pied a pour principal objet la capture des portugaises, dont l'infériorité de prix est considérable.

Enfin, la concurrence joue également ici son rôle ordinaire. Cette année, les pêcheurs de Cancale, qui n'avaient pas encore écoulé toutes les huîtres de la campagne de 1898 déposées dans leurs étalages, ont obtenu que leur caravane fût retardée. Quand elle a commencé, les acheteurs s'étaient déjà pourvus ailleurs, notamment auprès des pêcheurs de Granville. En sorte que les Cancalais ont été obligés de traiter à des conditions peu avantageuses, et, finalement, en présence de l'abaissement continu des prix offerts par les marchands, ils ont cessé la caravane, n'ayant pêché que dix-huit heures, sur les trente heures qui leur avaient été accordées. (Ils n'en avaient pas moins pris 10,000,000 d'huîtres).

Les transactions entre pêcheurs et acheteurs sont, aujourd'hui, libres partout. Consacrant de vieilles coutumes, le décret de 1853 avait, pour Granville et Cancale, réglementé un système de vente à profit commun, fort compliqué et fort gênant. Les marchés individuels ou particuliers étaient prohibés. La Communauté des pêcheurs intervenait et bénéficiait des deniers à Dieu payés, au moment de leur inscription, par les marchands locaux et forains admis à contracter. Des obligations étroites et réciproques étaient imposées aux acheteurs et aux vendeurs. Les premiers ne pouvaient, dans leurs acquisitions, dépasser un maximum. En cas d'insuffisance de la pêche, la part de chaque acheteur était réduite proportionnellement. Par contre, la caravane finissait, quelle que fût la durée qui lui eût été assignée, dès que les quantités prévues aux marchés communs étaient fournies aux marchands.

Bien qu'il n'ait pas été expressément abrogé, ce régime suranné est tombé en désuétude. On a essayé de le faire revivre en 1899, à Granville, mais sans succès. Cette dernière expérience l'a condamné.

Les Communautés de pêcheurs n'en subsistent pas moins à Granville et à Cancale. Elles s'occupent des intérêts généraux, sont consultées, comme nous l'avons vu, pour la préparation des arrêtés préfectoraux ; font, quand il y a lieu, placer à leurs frais les bouées délimitatives des huitrières à mettre en exploitation, et élisent des gardes-jurés chargés de la surveillance des gisements et de la pêche. Elles sont subventionnées par le Département de la Marine.

La statistique de 1895 accuse 1,122 bateaux, montés par 4,095 hommes. Qu'est devenue l'époque, peu éloignée de nous, où le seul quartier d'Auray armait près d'un millier de bateaux pour la pêche des huîtres ?

Le chiffre est encore respectable. Mais l'exploitation des huitrières ne saurait, vu sa courte durée, constituer la principale industrie de nos marins, auxquels elle n'apporte qu'un complément de ressources. La pêche des huîtres ne crée donc pas pour eux une situation spéciale. Astreints aux obligations du service dans les Equipages de la Flotte, ils acquièrent, en naviguant, des droits à la pension dite « demi-solde », — droits qu'ils transmettent à leurs veuves ou à leurs orphelins mineurs ; ils sont secourus, en cas de perte de matériel de pêche, par le budget de la Marine, et par celui de la Caisse des Invalides, quand ils se trouvent dans le dénûment. A leur défaut, leurs familles sont assistées.

Depuis le 1ᵉʳ janvier 1899, ils bénéficient, en outre, des dispositions de la loi du 21 avril 1898, « instituant une « Caisse de Prévoyance » entre les marins français contre les risques et accidents de leur profession. » En un mot, ils sont soumis aux charges générales et jouissent des avantages généraux résultant de la qualité d'inscrit maritime.

La pêche à pied, où domine l'élément civil, a été pratiquée, en 1895, par 15,388 personnes. Comme la pêche en bateau, elle ne constitue pas non plus une profession exclusive pour ceux qui s'y livrent. Par suite, rien de particulier à dire ici sur leur condition.

Nous retrouverons, d'ailleurs, les pêcheurs en bateau et les pêcheurs à pied quand nous parlerons de l'ostréiculture privée, parce qu'il en est un certain nombre qui sont, en même temps, parqueurs ou employés dans les parcs.

CHAPITRE II

Surveillance, — Conservation, — Entretien, — Aménagement et Reconstitution des Bancs Naturels.

En rapprochant des notions que nous a fournies la science celles que nous venons de donner sur la capture des huîtres, on est amené, ainsi que nous l'avions fait pressentir, à envisager la pêche méthodique et rationnelle sur les bancs naturels comme un mode de travail essentiel pour l'entretien des gisements. Le pêcheur en bateau est donc, sans qu'il s'en doute, un « ouvrier ostréicole » rétribué en nature. S'il ne soupçonne pas que cette définition économique lui soit applicable, il n'en a pas moins la conscience de son rôle, quand il dit, en employant une expression figurée, « que les bancs doivent être labourés, comme la terre. »

Le patronat est ici représenté par le Département de la

Marine, dont les agents, indépendamment de leurs attributions d'ordre général, remplissent, pour ainsi dire, et suivant les degrés de la hiérarchie, l'office de directeurs, d'ingénieurs et de contre-maîtres ou surveillants. La Marine, en effet, entretient ou commissionne, pour la police de la pêche côtière, un personnel de surveillance qui, s'il n'est pas, sauf quelques exceptions, exclusivement affecté au service des huîtrières, n'en est pas moins un précieux auxiliaire pour l'ostréiculture publique.

Nous allons le faire brièvement connaître :

Sous la haute autorité des Préfets Maritimes, des Commissaires Généraux ou des Chefs du Service de la Marine dans les sous-arrondissements, la surveillance des pêches est exercée par les Commissaires de l'Inscription Maritime, qui ont sous leurs ordres, pour les seconder dans cette mission, des Syndics des Gens de mer, des Garde-maritimes et des Gendarmes de la Marine.

Ils sont de plus assistés, dans certains Quartiers, par des Gardes-jurés des pêches, et, dans le cinquième arrondissement, par des Prud'hommes-pêcheurs. Si, à cause du peu d'importance de l'ostréiculture sur les côtes méditerranéennes françaises, l'étude de l'institution des Prud'homies ne dépassait pas les limites de notre cadre, elle serait intéressante à présenter. Nous ne résistons pas, néanmoins, au désir d'indiquer que les Prud'homies sont des associations de secours mutuels entre patrons-pêcheurs et que les prud'hommes qu'elles élisent sont non seulement des agents auxiliaires de surveillance, mais encore des magistrats jugeant au civil, en premier et dernier ressort, sans appel, révision ou cassation, les contestations d'ordre professionnel entre pêcheurs, et ce, sans procédure, forme ou figure de procès, quelle que soit l'importance du litige. Cette juridiction, qui se substitue à celle des tribunaux de droit commun, est un dernier vestige des institutions du Moyen-Age.

Les Commissaires de l'Inscription maritime sont, de plus, secondés, pour la surveillance en mer, par les officiers et officiers-mariniers commandant les stations navales ou les bâtiments garde-pêches. D'ailleurs, tous les navires de guerre ont un droit d'investigation en cette manière, et les instructions ministérielles recommandent particulièrement aux Torpilleurs des Défenses Mobiles, qui naviguent constamment à proximité du littoral, de veiller à l'exécution des règlements sur la police de la pêche. Mais, depuis quelques années, une tendance nouvelle s'est manifestée en faveur de la substitution, à la surveillance militaire, de la surveillance dite « commerciale ». On a pensé, d'une part, que l'affectation des Equipages de la Flotte à ce service détournait les hommes de leur rôle de combattants, et, d'un autre côté, que les embarcations de surveillance armées par des marins n'appartenant pas à la Flotte de guerre seraient plus dans la main des Commissaires de l'Inscription Maritime, — ce qui assurerait davantage l'unité de direction.

Après différents essais, la mesure a été généralisée par le décret du 10 octobre 1897, qui a créé un corps nouveau d'Inspecteurs des Pêches et de Gardes-Pêche maritimes, relevant uniquement des chefs des Quartiers et montant les bateaux de l'Etat chargés de la surveillance.

Les bâtiments garde-pêches armés militairement n'ont été maintenus que sur certains points, où les circonstances le commandaient, notamment dans la baie du Mont Saint-Michel, où il était indispensable de conserver, en face des Anglais, une surveillance analogue à la leur.

Ces divers agents dressent des procès-verbaux qui font foi jusqu'à inscription de faux, à la différence des procès-verbaux pour infractions à la police de la navigation. Mais il existe entre eux des différences : les syndics, les gardes-maritimes, les inspecteurs des pêches, les gardes-pêche maritimes, les gardes-jurés et les prud'hommes sont assermentés et doivent faire affirmer leurs procès-verbaux dans les trois jours, tandis que les officiers et officiers-mariniers sont affranchis de la double obligation de la prestation de serment et de l'affirmation. De plus, s'il est défendu au personnel de surveillance salarié par l'Etat de se livrer à la pêche et, par application de l'article 175 du Code pénal, de prendre un intérêt direct ou indirect dans les entreprises aquicoles privées, la même interdiction n'existe pas pour les gardes-jurés et les prud'hommes.

Enfin, certains agents des autres administrations (Douane, Contributions indirectes, Municipalités) ont qualité pour constater, dans quelques cas, les infractions qui auraient échappé aux représentants de la Marine. Nous ne les citons que pour mémoire ; parce que, si leur concours est utile, ils n'ont pas, comme les employés maritimes, au point de vue ostréicole, le double caractère de surveillants et de directeurs de travaux.

Si le dragage des fonds par les bateaux de pêche ne coûte rien à la Marine, les frais du service général de surveillance sont élevés, et, sans qu'il soit possible d'apprécier exactement la part afférente à l'ostréiculture publique, on peut dire que celle-ci en absorbe une notable portion. Ces dépenses ne sont pas, d'ailleurs, les seules que nécessitent l'entretien des huîtrières ou des cantonnements et les expériences ostréicoles. Chaque année des sommes sont inscrites, dans ce but et sous ce titre, au budget de la Marine.

Depuis les débuts de l'ostréiculture, que nous avons fait connaître dans les préliminaires de notre étude, l'Etat s'est attaché avec une constante sollicitude, mais avec un succès inégal, à l'œuvre de la conservation et du développement des gisements huîtriers. Les résultats n'ont pas toujours et partout répondu aux sacrifices et aux espérances. Bien des points ont été mis en lumière par les savants ; pourtant ils n'ont pas dit leur dernier mot, et, s'il est des causes d'appauvrissement ou de destruction qui soient connues et dont on puisse triompher, il en est d'autres, dans l'état actuel de la science, qui échappent encore à la connaissance et, par suite, à l'action réparatrice de l'homme. Les dispositions adoptées, les travaux entrepris ménagent plus d'une surprise. Les essais de repeuplements huîtriers en sont un exemple frappant. Que de sommes l'Etat y a consacrées! Que de déceptions il a éprouvées ! Car la reconstitution poursuivie ne réussit pas toujours : souvent, les huîtres déposées sur d'anciens bancs, quoique les fonds paraissent convenables, périssent ou disparaissent, sans qu'on puisse attribuer une raison bien déterminée à cet échec : c'est ce qui s'est produit dans la rivière d'Etel, dans la partie inférieure de celle d'Auray, ainsi qu'à l'embouchure de la Seudre, etc. Ailleurs, les efforts tentés ont été impuissants à lutter victorieusement contre des causes renaissantes de destruction (envasement, comme à Lorient ; invasion de moules, comme dans le haut de la rivière de la Trinité ; ou d'huîtres portugaises, comme sur le banc de Mouillelande au fond de la Seudre). D'autres fois, au contraire, des travaux de reconstitution, commencés sans grande confiance dans le succès définitif, ont été couronnés d'une complète réussite (réfection du banc Marie, dans la rivière du Bono ou de Saint-Avoye, affluent de la rivière d'Auray). Il arrive enfin que des fonds, définitivement abandonnés à la suite d'essais infructueux, accusent spontanément, après plusieurs années, des signes de vitalité, sans qu'on puisse nettement s'expliquer le motif de cette résurrection : tel a été le cas de certains bancs situés dans les coureaux d'Oléron. Il est à supposer, dans l'espèce, que les fonds ont été nettoyés par de gros temps et de violents courants, ce qui les a rendus de nouveau aptes à recevoir et à fixer les apports de naissains des bancs voisins.

Une autre source de mécomptes a été la méconnaissance des enseignements de la science. Elle nous apprend que les huîtres, pour se reproduire et pour prospérer, veulent un habitat propre ; que la vase, outre l'obstacle qu'elle oppose à la fécondation, est un milieu de culture pour les parasites pathogènes, et qu'elles demandent à être débarrassées de leurs ennemis : d'où, quand il y a lieu, nécessité d'un traitement incompatible avec le maintien des huîtrières dans l'état de repos pendant plusieurs années. (Nous ne parlons, bien entendu, que des gisements d'huîtres indigènes, les portugaises n'ayant nul besoin de protection)..

Or, dans ces dernières années, on a été porté à croire qu'un traitement identique convenait à tous les bancs et que ce traitement devait consister dans le repos prolongé. C'est là une grave erreur, propagée par certains ostréiculteurs et accueillie par M. Bouchon-Brandely, qui, dans un rapport adressé, en 1889, au Ministère de la Marine, attribuant au simple dragage les effets désastreux de l'excès de dragage, préconisait une méthode d'aménagement et d'exploitation dite « *coupe réglée,* » qui fut, quelque temps après, adoptée pour le Morbihan.

Quelques explications sont nécessaires. Dans cette région, les bancs d'huîtres occupent le lit des rivières, sur les bords desquelles s'étendent de nombreux parcs privés, appelés « *parcs de reproduction*, » qui reçoivent le naissain émis par les bancs naturels. Ceux-ci sont la seule raison d'être de ceux-là, et l'on conçoit le souci des ostréiculteurs pour leur conservation.

Dès les débuts de l'industrie, la divergence de vues s'accusa entre pêcheurs et parqueurs. Les premiers prétendaient qu'on ne draguait pas assez les gisements pour les nettoyer suffisamment. Les seconds, se rappelant que, jadis, une pêche abusive avait été la cause unique de la ruine de plusieurs bancs, affirmaient que les huîtrières subsistantes allaient s'appauvrissant par l'effet d'un dragage excessif et que la situation, déjà compromise, était menaçante pour l'avenir.

Persuadés que les pêcheurs enlevaient chaque année presque tous les sujets adultes et laissaient seulement sur les fonds les petites huîtres qu'ils étaient contraints d'y rejeter, ils cherchèrent le moyen de remédier au mal et crurent l'avoir trouvé dans le système de la « *coupe réglée.* »

Etant donné que le mollusque ne fournit un naissain abondant qu'au bout de trois ans, ils estimèrent qu'il fallait, pour laisser aux petites huîtres des bancs naturels le temps d'atteindre cet âge, diviser les gisements en trois parties, qui seraient livrées successivement, chaque année, aux pêcheurs.

La théorie paraissait séduisante. Mais le raisonnement

n'était que spécieux et il péchait par la base. Les parqueurs ne tenaient pas compte de la nécessité indispensable du nettoyage, qui s'impose particulièrement dans leurs rivières, et ils perdaient de vue que le repos prolongé avait précisément amené la perte complète de plusieurs gisements dans les mêmes parages. Entre deux écueils, ils ont choisi le plus périlleux. Puisque le nombre des pêcheurs, devenant excessif, inspirait des inquiétudes, il n'y avait qu'à le réduire et à sérier annuellement les dragueurs, au lieu de sérier leur champ de travail. En maintenant, au contraire, l'effectif des pêcheurs et en diminuant des deux tiers la zone annuelle de pêche, on commettait une inconséquence, qui devait avoir mathématiquement pour résultat la destruction des fonds dès l'expiration de la première période triennale. Cette destruction devait encore être activée, — et c'était une conséquence à prévoir, — par les agissements des pêcheurs, qui, réduits à la portion congrue et n'ayant plus comme précédemment la perspective d'une campagne fructueuse, n'ont plus été retenus par aucun frein. Aussi, a-t-on constaté une recrudescence de fraude, dont le Décret du 30 mai 1889, qui sera ultérieurement analysé, rendait la répression à peu près illusoire.

On essaya d'apporter un palliatif au nouveau régime en décidant que la visite des huitrières serait trimestrielle dans le Morbihan, au lieu d'être annuelle, — disposition qui pouvait permettre d'apporter des tempéraments à la rigueur du principe. Mais c'était plutôt une satisfaction platonique accordée aux adversaires du régime de la « coupe réglée », et le Dr Roché, successeur de M. Bouchon-Brandely, a pu avec raison attribuer à ce système la ruine des huitrières les plus florissantes de la rivière d'Auray. La mesure n'a cependant pas été rapportée, mais elle n'a pas été étendue à d'autres régions.

La science ostréicole n'est point une science exacte, où l'on procède par voie d'axiomes et de théorèmes ; c'est une science naturelle ou d'observation, dans laquelle on enregistre des faits et des expériences, pour en tirer des lois, après un contrôle sérieux. Or, l'expérience a démontré, qu'à part certaines dispositions communes, comme le rejet à la mer des petites huîtres et des objets propres à servir de collecteurs, chaque banc exigeait un traitement spécial. Il faut donc que chaque banc soit bien étudié, bien connu, pour qu'on puisse lui administrer le traitement approprié. Aussi, pensons-nous qu'une visite annuelle est insuffisante, au moins pour les bancs des estuaires et rivières.

Il importerait que les agents, par de fréquentes investigations, s'assurassent de l'état des gisements, et nous voudrions voir remettre en vigueur les prescriptions d'une note du ministre de Chasseloup-Laubat, en date du 22 mai 1865, recommandant que chaque banc fût, à cet égard, l'objet d'une vigilance continue, même pendant tout le temps qu'il est fermé à l'exploitation.

Si l'on veut néanmoins généraliser et établir une classification, on peut diviser les gisements en deux grandes catégories :

1° *Bancs intérieurs* (dans les rivières ou estuaires);

2° *Bancs extérieurs* (le long du littoral ou dans les baies largement ouvertes).

Ces derniers, balayés en quelque sorte par la mer, n'ayant pas à redouter les dépôts vaseux et leurs hôtes perfides, présentent ordinairement plus de vitalité et de résistance, parce qu'ils sont soumis à moins d'influences nocives. (L'invasion d'hermelles, que nous avons rapportée, n'est pas même une exception, car le banc envahi est situé au-dessus de la laisse de basse-mer).

Leur plus grand fléau est une exploitation exagérée. Aussi, une surveillance active en vue de prévenir ou de réprimer la pêche clandestine, et le repos pour les huîtrières ou portions d'huîtrières qui donnent des signes de ralentissement dans leur expansion constituent-ils à peu près les seuls moyens à employer. C'est pour eux, en effet, que le régime du repos paraît, *à priori*, le traitement indiqué. Il est, d'ailleurs, heureux que la reconstitution se fasse communément d'elle-même ; car on conçoit que, sur les fonds situés en mer, les tentatives de repeuplement artificiel soient plus difficiles et plus aléatoires.

Quant aux bancs de la première catégorie, une distinction doit être faite suivant qu'ils assèchent ou non, en tout ou en partie, aux marées de syzygies. Les bancs émergents peuvent être soignés et entretenus comme des parcs particuliers, avec les procédés et les instruments dont on se sert dans ceux-ci. Les huitrières non émergentes, au contraire, ne peuvent être appropriées, débarrassées des vases ou herbiers qui les encombrent, et généralement des ennemis auxquels elles sont en butte, qu'à l'aide de la drague ou d'un engin analogue à la drague. Pour elles, le repos systèmatique est un danger aussi grave que l'exploitation abusive. C'est un double écueil à éviter, et on ne l'évitera que par la connaissance approfondie de la situation de chaque gisement.

Les quelques critiques que nous nous sommes permises, les quelques indications que nous avons risquées ne nous empêchent pas de rendre au Département de la Marine toute la justice qu'il mérite. Prises dans leur ensemble, la règlementation qu'il a fait prévaloir et les pratiques qui en découlent ont donné, en somme, des résultats dont il a droit de s'applaudir.

S'il y a eu des erreurs, comme celle qui a été commise dans le Morbihan, l'aménagement des fonds huîtriers est, en général, bien compris et satisfaisant. Les gisements que leur état ne permet pas de livrer à la pêche publique sont mis en réserve, pendant une ou plusieurs années, tant qu'il est jugé nécessaire et quand la mesure ne présente pas d'inconvénients, sans préoccupation d'un roulement périodique et sans qu'on ait égard au fait qu'il ont été, ou non, dragués l'année précédente. La pêche n'est ouverte que sur les bancs qui demandent un nettoyage ou dont l'exploitation, sagement conduite, n'offre aucun danger.

Les réserves temporaires déterminées tous les ans par les arrêtés préfectoraux ne suffisent pas. Des cantonnements permanents sont établis par décrets, tantôt pour servir à l'alimentation en naissains des gisements voisins et pour fournir des sujets adultes à l'ensemencement des bancs appauvris ou ruinés, tantôt pour établir, en même temps, une zone neutre entre les pêcheurs de deux Quartiers rivaux. C'est ainsi que le rapport au Président de la République, du 8 novembre 1872, qui précède le Décret de même date, portant création d'un cantonnement dans les baies de Granville et de Cancale, explique que ce cantonnement constituera une zone neutre, dont l'existence « en prévenant les conflits entre » pêcheurs, offrira l'avantage de créer, au centre de la baie » du Mont Saint-Michel, un foyer de reproduction suffisant » pour assurer le prompt repeuplement des huîtrières, si » fécondes jadis, de chacune des deux localités. » — L'espoir n'a pas été déçu.

La surveillance des cantonnements incombe naturellement aux Agents que nous avons fait connaître. Mais, pour les réserves permanentes qui sont situées dans les eaux intérieures, comme celles de « *Pierre-Jaune* », en rivière de la Trinité, et de « *Bascatique* », en rivière d'Auray, un service spécial a été organisé : un Garde-maritime, logé à proximité par l'Etat, est particulièrement chargé de leur surveillance et des soins à leur donner.

Pour compléter l'œuvre d'un aménagement pratiqué avec discernement, des travaux d'entretien sont nécessaires. Selon les circonstances, la Marine les fait exécuter gratuitement par les pêcheurs ou les entreprend à ses frais.

En sus du nettoyage normal résultant de la pêche en bateau, l'Etat peut contraindre les marins à draguer certains bancs, pour les nettoyer, avant de laisser commencer une pêche rémunératrice sur les autres bancs dont l'exploitation est autorisée.

Si, en dehors des époques de pêche, les gisements ont besoin de nettoyage, la Marine elle-même se charge de l'opération, avec son personnel si les travaux sont peu importants, avec des travailleurs salariés, sous la direction de ce personnel, s'il en est autrement.

Les pêcheurs, nous le savons, doivent rejeter sur les bancs tous les objets susceptibles de servir de collecteurs. Mais, sur les fonds huitriers où, malgré l'exécution de cette prescription, les collecteurs font défaut, la Marine en fait, par ses Agents, répandre qui puissent résister au mouvement des eaux, tels que pierres, poteries, débris de tuiles chaulées, etc.

Des expériences, qu'il serait intéressant de reprendre, ont été faites à ce sujet sur le banc de « *Charret* », dans le quartier de Marennes. Cette huitrière, dont les produits sont de qualité supérieure, manquait de collecteurs. Elle fut divisée en plusieurs parcelles de même dimension : sur les unes, on sema des coquilles d'huîtres demandées aux ostréiculteurs de la région, et, sur les autres, des coquilles de sourdons ou coques (*cardium edule*), provenant d'un banc ruiné de ces mollusques. L'ensemencement eut lieu successivement : à chaque grande marée, à partir du mois de mai, on garnit une parcelle de coquilles d'huîtres et une autre de coquilles de sourdons. Le travail ne coûta rien, l'Administration l'ayant confié aux équipages des Garde-Pêches. Il s'agissait, tout en poursuivant l'accroissement de la prospérité du banc de Charret, de déterminer quel était le meilleur de deux collecteurs et quelle était l'époque où, pendant la période du frai, l'émission du naissain était le plus abondante. Malheureusement, une invasion moulière vint arrêter les essais avant qu'ils fussent terminés. Quand on se fut débarrassé des moules, on constata bien que la valeur collectrice des deux espèces de coquilles mises en comparaison était sensiblement la même, mais il ne fut pas possible d'être fixé sur le second point qu'on se proposait d'étudier.

Il peut arriver, lorsque les huitrières sont trop appauvries et qu'il n'existe pas dans le voisinage d'autres gisements dont elles puissent recevoir le naissain, que l'ensemencement en collecteurs ne soit pas suffisant. On le complète alors par un ensemencement d'huîtres adultes, prises le plus ordinairement sur les cantonnements.

Mais les travaux d'entretien seraient infructueux si la

Marine ne s'était pas armée contre certaines pratiques de
nature à compromettre son œuvre régénératrice. Les règlements, à l'observation desquels elle veille avec soin, ne se
bornent pas à prescrire aux pêcheurs l'enlèvement de tous
les corps nuisibles. Ils défendent de jeter sur les huitrières
du lest et des immondices, et même d'y mouiller des navires.
Pour empêcher le plus possible l'exploitation clandestine des
gisements, ils interdisent, en principe, l'exercice de la pêche
du poisson avec filets traînants à moins de cinq cents mètres
des huitrières. Dans les rivières où les espèces ichthyologiques sont peu abondantes et où la pêche du poisson ne
serait qu'un prétexte pour ravager les bancs ostréifères, une
fiction administrative fait considérer ces cours d'eau comme
ne formant qu'une seule huitrière, bien qu'il existe entre
chaque gisement des solutions de continuité de plus de
cinq cents mètres. De la sorte, la rivière est absolument
fermée aux chalutiers. Tel est le cas de celle d'Auray.

Enfin, le Département de la Marine ne s'est pas seulement
efforcé de prévenir le dépérissement des fonds huitriers,
d'assurer la conservation et le développement des gisements
existants, il a tenté encore la reconstitution et le repeuplement d'anciennes huitrières complètement ruinées.

Les procédés sont les mêmes que pour l'entretien. Ils con-
sistent en un semis de collecteurs, quand il est nécessaire, et
dans un ensemencement de sujets adultes, empruntés presque
toujours aux réserves permanentes. Mais il faut d'abord étudier son terrain, pour éviter les mécomptes ; ensuite, une
opération préalable est la plupart du temps indispensable :
c'est le nettoyage des fonds, qui doivent, selon l'expression
consacrée, être dragués « *à blanc* » avant de recevoir les
huîtres qu'on leur destine. Sans cette précaution, elles
seraient vouées à une destruction certaine et rapide. L'ancien
banc « *Marie* », dont il a été précédemment question, a été
reconstitué par cette méthode. Des dragueurs, payés par la
Marine et dirigés par ses agents, ont enlevé toutes les vases
et les coquilles pourries dont il était encombré et qui ont été

utilisées par les agriculteurs des environs. Puis, 300,000 huîtres, pêchées à pied par des femmes sur la réserve de « *Bascatique* » et soigneusement choisies, ont été répandues sur le sol. On craignait, il est vrai, que les causes qui avaient provoqué la ruine du gisement ne se reproduisissent au bout de quelques années. Il n'en a rien été, et le banc prospère depuis vingt ans.

Nous n'avons pas la prétention d'avoir épuisé une matière aussi complexe. Le but que nous nous proposions était, en en traçant les grandes lignes, de donner un aperçu de l'ostréiculture publique. Ses relations avec l'ostréiculture privée seront, d'ailleurs, examinées avec plus de détails dans le Titre suivant.

TITRE III

Ostréiculture Privée.

CHAPITRE Ier

Conditions juridiques.

Qu'ils soient situés sur le domaine public ou sur une propriété privée, le caractère fondamental de tous les établissements permanents qui ont pour objet l'exploitation des « fruits de la mer » par des particuliers est qu'ils ne peuvent légalement exister qu'en vertu d'une autorisation expresse, essentiellement précaire et révocable.

Indépendamment du devoir qui lui incombe de rechercher les établissements irrégulièrement formés et d'en poursuivre la destruction, l'Etat a donc toujours le droit de retirer les concessions accordées, ou, *à fortiori*, de refuser les autorisations sollicitées.

Mais, quelle sera la mesure dans laquelle il convient d'user de ce droit pour que l'exercice en demeure équitable ? Une distinction est ici nécessaire, et nous la ferons avant d'aborder le développement de notre proposition.

Tous les établissements peuvent aujourd'hui être ramenés à deux types :

1º Ceux qui sont destinés à la capture des espèces mobiles, comme les pêcheries ou les réservoirs à poissons, qui retiennent les sujets adultes ou qui emprisonnent les alevins ;

2º Ceux qui servent à l'élevage des animaux marins qu'on y dépose, ou qu'on y recueille à l'état de larves au moyen de procédés sans lesquels ces embryons eussent été perdus pour tout le monde. De ce nombre sont les parcs à crustacés et à coquillages.

Les pêcheries, installées sur le domaine public ou sur une propriété particulière, portent une atteinte évidente à la liberté de la pêche ; puisque, dans la première hypothèse, elles restreignent le champ d'action des pêcheurs, et que, dans tous les cas, par l'obstacle qu'elles opposent à la circulation normale du poisson, elles réduisent, au profit de quelques-uns, la masse des produits qui devraient rester à la disposition de tous. Elles ont encore un effet désastreux, en empêchant les sujets qu'elles détiennent captifs de regagner, au moment physiologique, leurs lieux de frayères.

Les mêmes inconvénients n'existent pas avec les parcs, qui ne diminuent point les ressources des pêcheurs et ne compromettent pas la reproduction ichthyologique. Sans doute, les parcs formés sur le domaine public occupent d'assez vastes emplacements ; mais, contrairement aux terrains qui sont affectés à des pêcheries, ces emplacements sont généralement impropres à la pêche. Quant aux parcs sur propriétés privées, ils sont absolument inoffensifs.

Une semblable distinction, devenue si importante depuis le développement de l'industrie huitrière et consacrée par le législateur moderne, n'offrait pas jadis grand intérêt. Aussi, n'en trouve-t-on pas de traces dans la législation antérieure, qui n'a point pris pour base de la classification la destination des établissements permanents, mais leur mode d'installation ou de construction. Sous la dénomination de « parcs et pêcheries », les anciens textes traitent de ces établissements, qu'ils divisent en trois catégories : ceux qui ne fonctionnent qu'avec des filets, ceux qui sont édifiés en pierres et ceux qui sont construits en bois. Toute autre distinction eût, d'aileurs, été superflue ; attendu que ces établissements étaient presque sans exception des pêcheries, ainsi qu'il résulte de la définition donnée par Valin, dans le *Nouveau Commentaire de l'Ordonnance de 1681* (Livre V, titre III) : « Sous le nom de « parcs et pêcheries », on entend tout

» espace circonscrit sur les grèves, dont quelqu'un s'est mis
» en possession, à dessein de s'y attribuer un droit de pêche
» exclusif. » Il ajoute, à la vérité, que, dans le pays qu'il
habitait, les établissements en bois, appelés *bouchots*, étaient
en même temps des établissements mytilicoles, et que les
parcs en pierres, dénommés *écluses* en Aunis, servaient aussi
à l'élevage des huîtres. Mais, malgré leur rôle accessoire, ce
n'en étaient pas moins des pêcheries, c'est-à-dire des établissements nuisibles que le Pouvoir s'efforçait de reprendre à
ceux qui, le plus souvent, les avaient usurpés, ou arrachés
à sa faiblesse. Ce fut une lutte séculaire; elle n'est pas encore
complètement terminée.

En dépit du principe de la liberté des pêches proclamé par
la loi romaine (*Nemo ad littus maris accedere prohibetur pis-
candi causa.* — Loi 4 au Digeste : *de rerum divisione*), les
Empereurs, dans un but de lucre, avaient concédé aux propriétaires riverains, moyennant le paiement d'un tribut
appelé « *remoræ piscatoriæ* », le droit de bâtir des pêcheries
sur les grèves, dans toute la longueur de leurs terrains.
L'empereur Léon, par les Novelles 102 et 103, força même
les propriétaires voisins à s'associer pour la construction et
l'exploitation de ces parcs.

« Nos rois, dit Valin, plus équitables et plus généreux, ont
» *toujours* sacrifié en cette partie l'intérêt même du fisc au
» bien général de leurs sujets, habitans des paroisses mari
» times, en leur laissant toute liberté de pêcher sur les grèves
» de la mer, sans en exiger aucun tribut. Et, parce que cette
» liberté aurait reçu trop d'atteinte si l'on eût laissé établir
» des parcs sur ces mêmes grèves par ceux qui auraient jugé
» à propos d'y en construire, non seulement il a été défendu
» à quiconque d'y en pratiquer à l'avenir, mais encore il a
» été ordonné que ceux qui avaient déjà été établis sans *con-
» cession* du roi, ou sans titres supplétifs, seraient démolis,
» à la réserve de ceux bâtis avant l'année 1544. »

L'appréciation de Valin semble un peu optimiste. Si les
rois se sont montrés plus généreux, ils n'ont pas été plus

prévoyants que les empereurs romains. Il les excuse en arguant du relâchement dans le service de surveillance et surtout des agissements des seigneurs des fiefs voisins de la mer, « toujours jaloux de s'attribuer le domaine direct sur son rivage et sur ses grèves » et qui, loin d'imiter le désintéressement royal, ne se faisaient pas faute « de bailler conti-» nuellement à cens ou autre redevance autant de portions » de terrains sur les grèves qu'ils ont trouvé de gens dis-» posés à y construire des écluses ou des bouchots. »

Ceci explique les usurpations ou empiétements, mais non les concessions, qui, du reste, n'avaient pas toujours été aussi gratuites que l'avance Valin.

Quoi qu'il en soit, la situation n'était pas toujours sous la monarchie française plus favorable qu'au temps de l'empire romain, et il importait d'y remédier, tant les abus s'étaient étendus.

Tel fut l'objet poursuivi, mais non atteint, par l'Edit de mars 1584, dont il est utile de reproduire les dispositions qui concernent notre sujet :

Article 84. — « Pour pourvoir aux plaintes faites aux » Commissaires par nous députés, par nos provinces, de » parcs et pescheries construites de nouveau sur le bord et » ès greues de la mer, bayes et embouchures des rivières » contre la forme ancienne, avons ordonné que tous les dits » parcs et pescheries faites ou construites depuis quarante » ans au bord des greues de la mer et rivières y entrant, » seront démolies et abattues et les propriétaires déchargés » de rentes et redevances qui nous en pourront devoir, ou » ce quelqu'autres seigneurs qui prétendent avoir droit de » fiefs ès dicts parcs et pescheries. »

Article 85. — « Et pour le regard de celles basties précé-» dent quarante ans, seront rétablies en leur premier état, » sans qu'il leur soit permis user d'aucunes fosses à l'endroit » d'icelles, ni les bâtir de claes, bois, chaux ou pierre pour » user de rétention d'eau, ains seulement d'un ret ou aplet

» dont la malle sera aussi grande pour le moins que celle
» ordonnée pour la pesche du hareng, et défendu, sur peine
» de dix écus d'amende, de prendre ny retenir dans lesdits
» parcs aucun frai de poisson... »

Il ne devait donc subsister après 1584 que les pêcheries
fondées antérieurement à 1544 et encore rétablies dans leur
état primitif, c'est-à-dire de simples pêcheries avec filets.

Il n'en alla pas cependant comme on l'avait espéré. Les
abus persistèrent ; peut-être s'aggravèrent-ils, et les pêcheries, qui portaient atteinte à la liberté de la pêche, à la souveraineté royale, qui, en outre, gênaient souvent la navigation, furent l'objet d'un nouvel arrêt de proscription
générale, dans lequel se trouvèrent tacitement mais naturellement compris les établissements mixtes où l'on élevait des
huîtres. L'article 4 du Titre III, Livre V de l'Ordonnance de
1681 prescrivit la démolition de tous les parcs « dans la
» construction desquels il entrait bois ou pierre, à la réserve
» de ceux bâtis avant l'année 1544, dans la jouissance des-
» quels les possesseurs étaient maintenus conformément aux
» articles 84 et 85 de l'ordonnance du mois de mars 1584 »,
et, comme corollaire, l'article 8 du même texte défendit « à
» toutes personnes, de quelques qualité et condition qu'elles
» pussent être, de bâtir, ci-après, sur les grèves de la mer
» aucuns parcs dans la construction desquels il entrait bois
» ou pierre, à peine de trois cents livres d'amende et de
» démolition des parcs à leurs frais. »

Il est à remarquer que l'Ordonnance de 1681 tolérait les
parcs et pêcheries en pierres ou en bois, pourvu que leur
fondation fût antérieure à 1544, tandis que l'Edit de 1584
n'admettait que ceux de ces établissements dont l'entourage
consistait uniquement en un filet à grandes mailles. Sans
doute si l'on se montrait plus large en 1681, c'est que, vu le
temps écoulé depuis 1544, on pensait que la production des
anciens titres justificatifs serait plus difficile qu'en 1584 et
que peu d'établissements échapperaient à la proscription.

Ces titres, ainsi qu'il appert de l'article 9, dont nous avons précédemment transcrit le texte, devaient être « des concessions en bonne forme ». A défaut, les parcs ne pouvaient être conservés « qu'en vertu d'aveux et dénombrements » reçus en Chambre des Comptes avant l'année 1544. » Valin explique que les aveux et dénombrements avaient été admis « comme titres supplétifs des titres originaux, qui ont péri » en si grande quantité pendant les guerres civiles », mais il fait observer qu'ils « ne peuvent néanmoins avoir d'in- » fluence sur les droits régaliens pour la conservation des- » quels les seigneurs ne peuvent s'aider de pareils titres, » comme incapables de suppléer au défaut de représentation » des titres de concession. »

L'Ordonnance de 1681 ne paraît pas avoir eu plus de succès que l'Edit de 1584. Les difficultés continuèrent et l'anarchie subsista ; d'autant que, si les règlements généraux étaient formels et rigoureux, de nouvelles concessions particulières étaient faites par le roi et même par les Amirautés, chargées de la police de la navigation et de la pêche. Ce qui excitait la jalousie et n'était pas de nature à calmer l'active résistance des seigneurs menacés de dépossession par les actes règlementaires.

Ils refusaient, comme on pense, de se laisser exécuter. Pour mettre un terme à un semblable état de choses, divers Arrêts du Conseil, rendus entre le 27 décembre 1730 et le 1er mai 1752, instituèrent des Commissaires chargés de la vérification des titres des détenteurs de parcs et pêcheries. Un autre arrêt du 24 janvier 1756 décida que les procès-verbaux dressés par les Commissaires seraient soumis à l'approbation du Roi, nécessaire au maintien de ces établissements. L'Edit de juin 1787 et l'arrêt du 30 décembre suivant statuèrent dans le même sens. Il ne suffisait donc pas d'invoquer des titres antérieurs à 1544 ; il fallait, en outre, prouver que ces titres avaient été visés et confirmés en 1756 et 1787.

Mais la situation était loin d'être liquidée quand éclata la Révolution. On pourrait croire que celle-ci, qui supprima les privilèges, fît table rase du passé. Il n'en fut rien, et, en 1852, il existait encore un nombre considérable de parcs et pêcheries dont le sort n'avait pas été réglé. Aussi, les Décrets du 4 juillet 1853 prescrivirent-ils la démolition immédiate de tous les établissements « *pêcheries, parcs à huîtres et à moules et dépôts de coquillages* » dont les détenteurs n'auraient pas produit de titres dans le délai de trois mois à dater de la notification des Décrets. Pour compléter cette mesure énergique et radicale, il devait être, à l'expiration du délai ci-dessus, procédé au recensement général des pêcheries, parcs à huîtres ou à moules et dépôts de coquillages dont les titres avaient été représentés. C'était, en même temps qu'une disposition d'ordre, un moyen d'effectuer une seconde sélection, par l'élimination des établissements dont les titres étaient entachés de nullité et aussi des établissements nuisibles à la navigation ou préjudiciables aux intérêts généraux.

Le ministre Ducos n'avait même pas attendu la promulgation des décrets du 4 juillet 1853 pour commencer les exécutions ; par arrêté du 8 juin précédent, il avait, en vertu de la loi du 9 janvier 1852, prononcé la suppression, dans le seul sous-arrondissement de Rochefort, de plusieurs centaines de parcs et pêcheries, en basant d'ailleurs sa décision plutôt sur le caractère dommageable de ces établissements que sur l'absence de titres.

Dans les instructions données pour l'application des Décrets de 1853, il se montra, il est vrai, moins rigoureux. Après avoir posé en principe qu'il n'existait pour ainsi dire aucune pêcherie ayant une existence régulière et que la stricte exécution des décrets entraînerait la suppression immédiate de presque tous ces établissements, il ajoutait que, s'il avait dû faire constater le droit du ministre, afin de le pouvoir exercer au besoin, son intention n'était pas d'user de violence et de déposséder *de plano* les détenteurs, pour lesquels, à peu d'exceptions près, il ne s'agissait pas d'éviction, mais de régularisation. Les exécutions qui suivirent les décrets de 1853 furent néanmoins assez nombreuses.

.. A part quelques contestations, qui ne sont pas, même de nos jours, définitivement vidées, la question se trouva donc réglée pour le passé. — Il s'agissait de la régler aussi pour l'avenir. La loi du 9 janvier 1852 n'avait pas tenu un compte suffisant de la distinction à faire entre les pêcheries et les parcs, car elle permettait la création de nouveaux établissements des deux genres. Mais, après une expérience de dix années, le Décret du 10 mai 1862 n'a maintenu cette faculté que pour les parcs et a formellement proscrit pour l'avenir la formation de pêcheries, tant sur le domaine public que sur les propriétés privées, ne faisant d'exception, à cause de leur innocuité relative, qu'en faveur des réservoirs à créer sur ces dernières.

Etablissements maintenus, établissements nouveaux, tous sans exception sont, comme nous l'avons dit, soumis au régime légal de la précarité. C'est une conséquence des principes. Ceux-là seuls la contestaient qui avaient intérêt à s'y dérober. Les porteurs de titres en bonne et due forme émettaient la prétention que ces titres leur conféraient un droit perpétuel, un véritable droit de propriété, alors que la concession des parcs et pêcheries n'a jamais pu constituer qu'un droit d'usage, essentiellement révocable et dont, par conséquent, la suppression par l'autorité compétente, dès que l'intérêt public le réclamait, n'ouvrait aux détenteurs aucun droit à indemnité. Un Arrêt du Conseil, du 4 août 1762, avait déjà statué en ce sens, sous l'ancien régime. Le Conseil d'Etat rendit, les 10 août 1847 et 29 novembre 1850, des sentences analogues (Arrêts déboutant le prince de Rohan-Rochefort, dont les pêcheries, détenues en vertu de lettres patentes et d'Arrêts du Conseil, avaient été supprimées par le Ministre de la Marine).

Peu importe, au reste, que l'usage ait été concédé sur une propriété privée. Les anciens usagers avaient vainement cherché à établir une confusion, que ne permettaient cependant pas les textes qui les régissaient.

La question de propriété avait été réglée par l'Edit de Moulins de 1566 ; la question d'usage le fut par l'Edit de mars 1584, le premier monument de la législation française sur la matière, et les deux questions sont absolument indépendantes. L'Edit de Moulins, en déclarant le domaine désormais inaliénable et en ordonnant la vérification des concessions domaniales, reconnait par là, implicitement mais nécessairement, que les concessions antérieures ont donné naissance à un droit de propriété. — Au contraire, l'Edit de 1584 prescrit purement et simplement la destruction des pêcheries construites depuis 1544, sans qu'il fût besoin d'examiner si elles avaient, ou non, été régulièrement accordées, ou si les détenteurs avaient, ou non, été confirmés dans la propriété du fonds par l'Edit de Moulins. Les mesures prises en ce qui concerne les parcs et pêcheries fondées avant 1544 prouvent encore que leur maintien n'impliquait pas la reconnaissance du droit de propriété de ces établissements au profit des propriétaires du fonds.

De la comparaison de ces deux actes, il ressort nettement que la propriété du fonds ne conférait pas celle de la pêcherie qui y était autorisée. Si l'on était maître perpétuel du sol, on n'était jamais qu'un usager de l'édifice maritime. C'était un accroissement instable du droit de propriété. L'Edit de 1584 est ainsi le complément indispensable de celui de 1566.

De même, l'Ordonnance de 1681 est, dans un ordre d'idées identique, le complément de celle de 1667. Les parcs et pêcheries y sont caractérisés comme ne donnant naissance qu'à une simple jouissance, une simple possession.

Enfin, un pareil rapprochement doit être fait entre la loi des 22 novembre-1er décembre 1790 et celle du 9 janvier 1852.

La loi de 1790, qui confirme les principes du droit public en ce qui concerne le domaine public et vise les aliénations, à l'égard desquelles elle achève l'œuvre des Edits de 1566 et de 1667, ne contient aucune disposition spéciale quant aux concessions et autorisations relatives aux parcs ou pêcheries. Elle ne s'occupe, en effet, (dans son article 34), que de la révision des concessions sur le domaine de la Couronne.

L'Ordonnance de 1681 est donc, en matière de parcs et pêcheries, demeurée en vigueur jusqu'à la loi du 9 janvier 1852. Dans cette période, il n'a jamais été douteux que l'Etat n'eût le droit de supprimer les établissements reconnus nuisibles à l'intérêt général, même lorsqu'ils étaient situés sur une propriété privée. Cependant, l'Administration de la Marine ne se sentait pas suffisamment armée, et le rapport de Royer-Collard, celui précède la loi de 1852, révèle les plaintes soulevées jusque-là par l'insuffisance de la législation pour la répression des abus. De même que la loi de 1790 avait pourvu à la révision des aliénations, il fallait qu'une loi organisât la révision des concessions en matière de parcs et pêcheries. Tel fut, sur ce point, l'objet du Décret-Loi du 9 janvier 1852, dont l'esprit est nettement indiqué et traduit en formules règlementaires dans les décrets du 4 juillet 1853.

Dans ce qui précède, nous n'avons visé que les propriétés privées conquises ou obtenues sur le domaine public maritime et nous avons démontré que les aliénations domaniales n'entraînaient pas le droit de fonder sur ces propriétés des établissements aquicoles perpétuels. Mais il est des propriétés terrestres, situées dans le voisinage du littoral, dont l'acquisition avait eu lieu selon les règles du droit commun, et qui, ultérieurement submergées par les flots ou mises en communication avec la mer par la main de l'homme, ont été converties en parcs ou pêcheries.

Bien que les actes de 1852 et 1853 ne fassent nulle différence entre les propriétés privées, quelle qu'en soit l'origine, on pouvait se demander si les établissements créés sur les secondes avaient le même caractère de précarité que sur les propriétés de la première espèce. En ce qui regarde les pêcheries, la question ne semblait pas douteuse. Elle était plus délicate pour les parcs, qui n'accaparent pas les produits de la mer et n'utilisent que la mer elle-même. Mais le simple emploi des eaux de la mer, qui n'appartient en propre à personne, est un accroissement des droits du propriétaire du fonds et, par suite, un accroissement révocable.

La jurisprudence a, d'ailleurs, fixé ce point de droit. Dans un mémoire adressé, le 9 juin 1856, au Procureur général de la Cour de Cassation, le Ministre de la Marine exposait que, lors même qu'ils ne sont pas situés sur le rivage, tous les établissements « s'alimentent par une usurpation incessante » des choses du domaine public, auquel ils empruntent » perpétuellement l'eau de mer ; que, par suite, le souverain » est toujours en mesure de faire cesser cette usurpation » lorsque l'ordre public le requiert, et d'empêcher la distrac- » tion des choses du domaine public au détriment de la » communauté. »

La Cour de Cassation admit cette doctrine. De son arrêt, en date du 19 juillet suivant, il résulte que la loi du 9 janvier 1852 et les décrets règlementaires qui en ont organisé l'application donnent au Ministre de la Marine le pouvoir de supprimer tout établissement créé antérieurement à ces actes, alors même « qu'il serait fondé sur une propriété privée et alimenté indirectement par les eaux de la mer », et quand bien même « la jouissance sur propriété privée aurait eu lieu sans trouble depuis un temps immémorial. »

Le principe ne souffre donc pas d'exception. Mais nous avons vu que, si le Département de la Marine en a poursuivi la proclamation avec énergie, il l'a appliqué dans un large esprit de tolérance. Cette attitude lui était dictée par sa bien-veillance naturelle, par le respect des situations acquises, lorsqu'elles n'étaient pas en opposition avec les intérêts dont la sauvegarde lui est confiée, et par le désir de favoriser le développement de l'industrie naissante qui commençait à prendre son essor. Il était, du reste, logique quand, pour favoriser l'ostréiculture, on permettait et on encourageait même la création de nouveaux établissements, que la Marine maintînt ceux des anciens établissements dont la conserva-tion ne présentait pas d'inconvénients.

La ré-investiture fut donnée aux détenteurs de ces derniers dans les formes que nous avons indiquées. Quant aux nou-velles concessions, l'article 2 de la loi du 9 janvier 1852 avait

spécifié qu'elles ne seraient accordées que par une décision
spéciale du Ministre de la Marine et les décrets de 1853 avaient
déterminé les conditions de leur établissement. Mais les détails de la procédure étaient demeurés un peu vagues et
incertains jusqu'au décret du 10 novembre 1862 « relatif aux
demandes de concessions de parcs et dépôts à coquillages et
à crustacés », qui, complété par l'arrêté des Ministres de la
Marine et des Finances, en date du 12 mai 1876, et par la circulaire du Ministre de la Marine du 2 février 1888, règle
aujourd'hui la matière.

La base de cette procédure est une enquête, qui, portant
sur deux points, a, en même temps, un caractère objectif et
subjectif, réel et personnel. Les questions à résoudre sont,
en effet, de deux ordres :

1° L'établissement projeté est-il de nature à nuire aux intérêts généraux ou à des intérêts privés plus importants et
préexistants ? Peut-il constituer une gêne pour la défense
nationale, pour la navigation, pour la pêche, pour des travaux d'utilité publique, pour l'accès et l'exploitation d'autres
établissements déjà en exercice, ou de propriétés et usines
riveraines ?

2° Il ne suffit pas que l'établissement sollicité satisfasse aux
conditions d'innocuité exigées ; il faut encore que le requé-
rant offre des garanties personnelles pour une exploitation
sérieuse, tant sous le rapport des ressources nécessaires à
l'entreprise que sous le rapport de l'honorabilité. Une circulaire récente du Ministre de la Marine (10 janvier 1899) prescrit de nouveau aux Commissaires de l'Inscription Maritime
de « se renseigner de la façon la plus complète sur les anté-
» cédents de tout demandeur de concessions et de réclamer
» notamment un extrait du casier judiciaire de tous ceux sur
» la parfaite honorabilité desquels ils pourraient avoir des
» doutes ». M. Lockroy rappelle à ces administrateurs « qu'ils
» ne doivent pas hésiter à user largement de leur droit d'in-
» vestigation, car les garanties morales résultant de l'hono-
» rabilité des concessionnaires ne sont pas moins importantes

» que les conditions matérielles et techniques de l'exploita-
» tion. »

Il faut enfin que les pétitionnaires ne soient pas des hommes de paille destinés à masquer des personnes dont la situation est, dans certains cas, incompatible avec celle de détenteur d'établissements aquicoles (fonctionnaires et ecclésiastiques salariés par l'Etat, militaires en activité). — C'est un véritable criblage.

Le premier acte de la procédure est une requête sur papier timbré, accompagnée d'un plan de détail et d'un plan d'ensemble. Depuis la circulaire précitée du 2 février 1888, qui a apporté des simplifications à la procédure en vue d'accélérer la marche des affaires, la requête, autrefois adressée au Ministre, est maintenant remise directement par le pétitionnaire au Commissaire de l'Inscription Maritime. Une enquête est immédiatement ouverte, à la diligence de cet officier, qui fait apposer des affiches dans ses bureaux, au Syndicat et à la Mairie intéressés. Elle dure quinze jours. Lorsqu'elle est terminée, le Commissaire de l'Inscription Maritime, qui en centralise les résultats, procède à une instruction sur les lieux, examine sur place la valeur des oppositions qui ont pu être formulées, recueille tous les renseignements utiles et adresse, avec le dossier, ses propositions au Commissaire Général, dans les ports militaires, ou au Chef du Service de la Marine, dans les ports secondaires. L'affaire est soumise avec l'avis du Commissaire Général ou du Chef du Service de la Marine, selon le cas, au Préfet Maritime, qui consulte, par l'intermédiaire du Préfet du département, le Service des Ponts-et-Chaussées et, pour la fixation de la redevance à imposer aux demandeurs non-inscrits maritimes, l'Administration des Domaines. D'autres services peuvent aussi, le cas échéant, être consultés (Guerre, Douanes, Forêts, etc.). Quand le dossier lui est revenu, dûment complété, le Préfet Maritime le transmet, accompagné de ses observations et conclusions, au Ministre de la Marine, qui, en cas de concession, statue par voie d'Arrêté. L'Arrêté, envoyé en suivant la voie hiérarchique, au Commissaire de l'Inscription Maritime, est notifié par ses soins aux intéressés. Les établissements sont immatriculés, sous le même numéro, au Ministère de la Marine et dans le Quartier sur le territoire duquel ils sont situés.

L'Arrêté ministériel s'applique à tout ce qui, étant indispensable au fonctionnement de l'établissement, doit en être considéré comme une dépendance immédiate, telles que les prises d'eau, les installations de vannes pour en régler le jeu, mais non aux installations supplémentaires, comme les cales, chaussées, appontements destinés à faciliter l'accès des embarcations pour le service des établissements, ateliers, cabanes-abris pour les travailleurs, etc... Lorsque ces installations occupent une partie du domaine public maritime, elles sont autorisées par les Travaux Publics, avec l'assentiment préalable de la Marine, conformément aux dispositions du décret-loi du 21 février 1852, sur la domanialité maritime, et suivant une procédure concertée entre les deux Départements, dont les rôles sont ainsi intervertis.

La même procédure est suivie pour l'agrandissement et la transformation des établissements. Ce sont, en effet, de véritables créations, qui exigent l'intervention ministérielle. Quant aux simples mutations (transmission, adjonction de nouveaux concessionnaires), qui ne modifient ni l'assiette, ni l'étendue, ni la nature des parcs, le Ministre a délégué, en 1888, aux Préfets Maritimes en France et au Commandant de la Marine en Algérie, le pouvoir de les autoriser en dernier ressort. Elles sont récapitulées sur des états adressés mensuellement à Paris, pour la mise à jour des matricules tenues au Ministère. Les établissements devenus vacants par le décès, l'abandon, le désistement ou l'éviction des concessionnaires sont maintenus sur les matricules en vue de l'attribution à de nouveaux détenteurs. Une Commission présidée par le Commissaire de l'Inscription Maritime désigne ces derniers au choix de l'autorité supérieure. L'équité et les instructions ministérielles commandent de donner, pour ce choix, la préférence à la veuve ou aux orphelins de l'ancien titulaire et, subsidiairement, aux co-concessionnaires. En ce qui concerne les parcs sur propriétés privées, la transmission s'opère en faveur de l'héritier ou de l'acquéreur du fonds.

Au point de vue juridique, la concession d'un établissement forme entre l'Etat et le détenteur un lien contractuel, qui donne naissance à des droits et à des obligations. Nous allons les énumérer, en en faisant connaître les sanctions.

1° Droits du Concessionnaire. — Après notification de l'arrêté et balisage, le concessionnaire est mis en possession du terrain accordé. Il a seul le droit d'en user, et l'emplacement qui lui est concédé sur le domaine public se trouve soustrait à l'exploitation commune pendant toute la durée de la concession. Les embarcations peuvent néanmoins circuler, mais sans mouiller, sur les établissements qui, à marée haute, sont recouverts d'une suffisante quantité d'eau. C'est une servitude de passage en faveur de la navigation.

L'Etat garantit donc la paisible jouissance du fonds, mais non le trouble qui peut être apporté à l'exploitation par des délits de droit commun, tels que les vols d'huîtres ou de matériel dans les parcs, — l'exploitation ayant lieu aux frais et risques du détenteur. Quant aux infractions maritimes qui porteraient préjudice aux établissements, l'Etat est suffisamment armé pour les prévenir ou les réprimer, et ses obligations ne vont pas au-delà vis-à-vis des détenteurs, qui, dans aucun cas, ne seraient fondés à appeler l'Etat en garantie pour la réparation pécuniaire des dommages éprouvés.

Les établissements sur propriétés particulières se protègent eux-mêmes. L'accès n'en est permis qu'aux agents de la Marine chargés de la surveillance et de la police de ces établissements, aussi bien que de ceux qui sont situés sur le domaine public.

Quid, cependant, pour le cas où le préjudice causé proviendrait du fait d'un agent de la Marine? L'hypothèse, quoique invraisemblable, n'est pas impossible. Nous pensons que la responsabilité de la Marine ne pourrait ici non plus être mise en cause ; mais, nous avons la conviction que la Marine règlerait l'affaire à l'amiable.

2° DEVOIRS DU CONCESSIONNAIRE. — Les principaux sont les suivants :

(A) Observation des conditions particulières de l'arrêté relativement aux modes de construction, d'installation et d'exploitation de l'établissement.

(B) Mise en exploitation dans l'année qui suit la concession et continuation régulière de l'exploitation.

(C) Obligation, à moins d'impossibilité, de n'employer pour l'exploitation que des inscrits maritimes, femmes ou enfants d'inscrits.

(D) Observation des règlements généraux concernant la vente, le transport et le colportage des produits élevés.

(E) Interdiction de vendre, louer ou céder, à quelque titre que ce soit, la concession domaniale.

(F) Acquittement de la redevance imposée.

Reprenons en détail chacune de ces obligations, en expliquant leur raison d'être.

(A) Aujourd'hui les différents établissements ostréicoles ne sont plus, comme sous l'empire des décrets règlementaires de 1853 et de 1859, classés en plusieurs types, invariablement déterminés à l'avance. Chaque arrêté individuel spécifie les formes, les dimensions et le mode de construction de la concession, en tenant compte des lieux et des circonstances. Il est donc essentiel que ces conditions soient rigoureusement observées pour que l'établissement n'apporte aucune gêne à la navigation ou à la pêche. Il est nécessaire aussi qu'une exploitation prohibée ne puisse pas être pratiquée sous le couvert d'une exploitation autorisée : par exemple, que le détenteur, sous le prétexte d'élever des huîtres, ne convertisse pas abusivement sa concession en une pêcherie à poissons. Ce qui pourrait notamment arriver s'il donnait au mur d'enceinte une élévation supérieure à celle qui est imposée par l'arrêté, ou s'il pratiquait des retenues dans les vannes ou prises d'eau.

Un établissement irrégulièrement formé étant assimilé à un établissement formé sans autorisation, la sanction de cette première obligation est édictée par l'article 5 de la loi de 1852, qui prononce l'amende, avec adjonction facultative de l'emprisonnement, et la destruction du parc aux frais du contrevenant.

(B) La seconde obligation n'a pas moins de valeur. Elle s'explique d'elle-même et ne comporte pas de longs commentaires. Il importe, en effet, que des portions de plage propres à l'industrie ostréicole ne restent pas improductives. Toutefois, le Département de la Marine peut accorder des sursis, lorsque la cause des retards pour le commencement des travaux ou la continuation de l'exploitation est dûment justifiée.

La sanction est ici le retrait de la concession. Mais, jusqu'à ce que le retrait ait été régulièrement prononcé par le Ministre, le terrain reste à la disposition du titulaire de la concession et nul autre n'a le droit de l'utiliser sous le prétexte qu'il est en fait abandonné, puisque les concessions sont essentiellement personnelles. Le Tribunal de Marennes ayant perdu de vue ce principe fondamental, la Cour de Poitiers, sur appel du Ministère public, a jugé, par arrêt du 20 janvier 1899, que le fait de créer un établissement sur un terrain domanial concédé à un tiers et non exploité par celui-ci constitue le délit prévu et puni par les articles 2 et 5 de la loi du 9 janvier 1852.

(c) La troisième obligation est une conséquence du traitement de faveur accordé aux inscrits maritimes, en compensation des charges qui pèsent sur eux. Les inscrits ont, en principe, la jouissance exclusive des choses de la mer, et un privilège de préférence pour l'attribution des concessions leur est même reconnu par la loi.

Dans les centres où la population maritime n'est pas très

dense et où le nombre des parcs à huîtres est considérable, comme à Marennes et à Arcachon, il n'est pas possible aux ostréiculteurs de se conformer strictement à cette condition, qui constitue plutôt une recommandation.

Nous ne croyons pas qu'elle ait jamais eu besoin d'être sanctionnée par des actes qui consisteraient, comme au cas précédent, dans le retrait de la concession.

(D) Avant le décret du 12 janvier 1882, la mise en vente, le transport et le colportage des huîtres de toute provenance qui ne mesuraient pas cinq centimètres étaient interdits. Quant aux huîtres de plus de cinq centimètres, désignées sous le nom « d'huîtres comestibles », « d'huîtres marchandes », ou « d'huîtres règlementaires », la vente, le transport et le colportage en étaient complètement libres, en tout temps, dans les 1ᵉʳ, 2ᵉ, 3ᵉ et 5ᵉ arrondissements maritimes. Dans le 4ᵉ arrondissement, cette liberté était, pendant la période du 1ᵉʳ mai au 1ᵉʳ septembre, restreinte aux huîtres de claires. Mais il était bien difficile, surtout à cette période de l'année, de distinguer les huîtres de claires des huîtres de viviers ou autres établissements, parce que les claires (d'ailleurs peu garnies de sujets pendant l'été) déverdissent généralement à cette saison et ne produisent guère que des huîtres blanches, comme celles des autres parcs. La prohibition qui frappait celles-ci était donc à peu près illusoire, et la plupart du temps dépourvue de sanction effective.

A la suite d'une consultation générale sur tous les points du littoral, il fut reconnu, même par les parqueurs qui jouissaient, sans en user du reste, de la liberté de vendre leurs huîtres en été, qu'il y aurait avantage pour tous à interdire, dans l'intervalle du 1ᵉʳ mai au 1ᵉʳ septembre, la mise en vente, le transport et le colportage des huîtres destinées à la consommation. Par contre, les parqueurs sollicitaient, dans l'intérêt de l'industrie ostréicole, le droit de transporter de parc à parc, en tout temps et quelles qu'en fussent les dimensions, les huîtres destinées à l'élevage. C'était la reconnais-

sance officielle d'une tolérance indispensable à l'ostréiculture
et dont les Arcachonnais seuls n'avaient pas bénéficié : dans
le but d'assurer la reconstitution des foyers reproducteurs de
leur Bassin, ils n'en pouvaient exporter, en aucune saison,
dans aucun cas et sous aucun prétexte, les sujets n'ayant pas
la dimension règlementaire de cinq centimètres ; en réalité,
un assez grand nombre de parqueurs d'Arcachon ne se gênaient pas pour violer clandestinement, quand ils y trouvaient un avantage particulier, la prohibition dont ils réclamaient ostensiblement le maintien absolu.

Les vœux des ostréiculteurs furent accueillis et consacrés
par le décret du 12 janvier 1882, qui défendit la vente, pour
l'alimentation, des huitres marchandes de toute provenance
du 15 juin au 1er septembre de chaque année, — la première
de ces dates ayant dû être substituée à celle du 1er mai à
cause des arrangements intervenus avec le Gouvernement
anglais pour la clôture de la pêche des huîtres dans la mer
commune. L'interdiction dont étaient frappés les sujets non
règlementaires continuait *à fortiori* à subsister ; ils ne pouvaient, à aucune époque, être exposés sur les marchés ni
livrés à la consommation.

En même temps, le décret de 1882 permettait, « dans l'intérêt de l'élevage des coquillages et du peuplement des
parcs », la vente, le transport et le colportage des huîtres de
parcs de toute dimensions, pendant toute l'année. Mais, pour
éviter des abus, les expéditions devaient, dans la période
comprise entre le 15 juin et le 1er septembre, être accompa-
gnées d'un certificat d'origine, indiquant le lieu de destination et délivré par l'autorité maritime.

Une circulaire ministérielle interprétative, en date du 7 décembre 1886, étendit le droit de colportage de parc à parc,
avec bulletin d'accompagnement, aux transports des huîtres d'élevage destinées aux établissements ostréicoles de
l'étranger.

Le Bassin d'Arcachon conserva le régime exceptionnel
auquel il était soumis, et l'exportation des huîtres de

moins de cinq centimètres continua à y être absolument
défendue.

Les motifs de l'interdiction temporaire de la vente pour la
consommation sont faciles à saisir. De juin à septembre, les
huîtres sont laiteuses, peu savoureuses, parfois même mal-
saines, et supportent difficilement le voyage à cause de
la chaleur.

Aussi, malgré l'entière liberté dont jouissaient auparavant
les ostréiculteurs de quatre arrondissements maritimes, le
commerce des huîtres de consommation était-il nul pour les
parqueurs sérieux pendant cette partie de l'année. Qui donc
profitait alors de la liberté ? Les pilleurs des bancs naturels,
les pêcheurs clandestins, qui cherchaient à écouler à vil prix
sur les marchés les produits de leurs larcins ou qui les ven-
daient à des parqueurs peu scupuleux. Or, s'il est très facile
aux Agents du littoral de distinguer les huîtres de parcs des
huîtres draguées sur les gisements naturels, les agents de
l'intérieur sont absolument incapables de faire la distinction,
pendant le trajet ou sur les marchés. Il suffisait donc aux
fraudeurs de tromper la vigilance des autorités maritimes
pour échapper à toute répression. D'un autre côté, si l'exploitation frauduleuse des huîtrières publiques est dommageable
en toute saison, elle l'est surtout pendant celle de la ponte
et particulièrement dans les régions où le naissain des bancs
naturels vient ensemencer les parcs de reproduction. Ici encore, nous trouvons la loi d'accord avec la science.

Malheureusement, les considérations économiques et scientifiques qui avaient guidé le législateur de 1882 n'arrêtèrent
pas celui de 1889. Une fausse conception des idées de liberté
commerciale et les arguments spécieux présentés par
M. Bouchon-Brandely l'amenèrent à accorder, par le décret
du 30 mai 1889, le droit illimité de vente, de transport et de
colportage en toute saison, sous la seule réserve que les
huîtres inférieures à cinq centimètres seraient exclusivement
destinées aux parcs et ne pourraient être exposées sur les
marchés ou livrées à la consommation. (Toutefois les dispo-

sitions prohibitives du décret de 1882 furent maintenues en ce qui concernait l'exportation des huîtres non règlementaires du Bassin d'Arcachon).

Comme conséquence de l'abrogation du décret protecteur, disparaissait la garantie du bulletin d'accompagnement. Aussi, les fâcheux résultats du nouveau régime ne tardèrent-ils pas à se manifester : il y eut, principalement dans le Morbihan, une recrudescence de pêche frauduleuse, et les délinquants furent assurés de l'impunité quand ils n'étaient pas pris en flagrant délit d'exploitation clandestine des gisements ; car les Parquets refusèrent de donner suite aux procès-verbaux dressés pour vente ou colportage d'huîtres pêchées en temps prohibé, alléguant qu'aucune entrave n'existait plus pour la mise en vente ou le transport des huîtres et qu'ils étaient dans l'impossibilité de déterminer si les mollusques incriminés avaient été, ou non, capturés aux époques règlementaires. L'Administration maritime se trouva ainsi désarmée.

On se demande comment un tel système peut encore subsister. Il ne favorise que la fraude et le recel, puisque le commerce des huîtres de consommation continue à être nul pendant l'été. Il serait vivement à désirer que l'on revînt à la règlementation tutélaire de 1882.

En résumé, une seule défense est aujourd'hui faite aux parqueurs : celle de livrer aux consommateurs des huîtres de moins de cinq centimètres. Les Arcachonnais ne peuvent, en outre, exporter ces huîtres de leur Bassin, pour quelque cause que ce soit.

La sanction de ces prohibitions est édictée par l'article 7, N° 4, de la loi de 1852 (amende ou emprisonnement).

Le retrait de la concession s'imposerait également, sans qu'il y eût violation du principe « *non bis in idem* », — la concession étant une faveur qui peut toujours être retirée.

(E) La cinquième obligation imposée aux parqueurs est une conséquence du caractère de précarité des établissements. L'Etat l'a stipulée pour l'affirmation de son droit.

Toutefois, si, théoriquement, la transmission ou la location des propriétés privées n'emporte pas *de plano* celle de la concession aquicole, le Département de la Marine, vu leur condition spéciale, qui ne lui permettrait pas, du reste, de donner l'investiture à des tiers, ne fait aucune difficulté pour continuer la concession au nouveau propriétaire ou au preneur du fonds, pourvu, bien entendu, que celui-ci présente les garanties exigées.

Les aliénations de concessions situées sur le domaine public sont, la plupart du temps, très difficiles à constater. Elles se font sous seing privé, sans enregistrement, à l'insu de la Marine, auprès de laquelle les acquéreurs se mettent ensuite en instance pour obtenir une transmission régulière. En sorte que le Département est conduit à consacrer, sans le savoir, une opération qu'il a formellement interdite. — On obvierait, pensons-nous, à cet inconvénient en tenant, dans chaque Quartier, un enregistrement des demandes d'établissements disponibles, — enregistrement sur lequel ne figureraient que des candidats sérieux. Au fur et à mesure des vacances, les établissements, à défaut de veuve, d'orphelins ou de co-concessionnaires, seraient attribués par ordre d'inscription. Et, comme les acquéreurs n'arriveraient en rang utile que dans des circonstances tout à fait fortuites, les ventes illicites, n'ayant plus de raison d'être, cesseraient promptement. Mais, dira-t-on, le détenteur est le propriétaire du matériel qui garnit son parc ; il a incontestablement le droit de disposer à sa guise de ce matériel, et il a mis dans son exploitation tout ou partie du patrimoine familial, qui risque d'être gravement compromis si l'établissement ne doit pas aller à l'acheteur du matériel.

A notre avis, l'objection est plutôt sentimentale, et, si elle se laissait aller à l'accueillir, la Marine n'aurait plus de frein à opposer aux transactions défendues. En sollicitant une concession dont ils n'ignorent pas la nature précaire, les parqueurs doivent en mesurer d'avance la portée.

Il leur est toujours loisible, d'ailleurs, quand ils abandonnent l'industrie, d'offrir leur matériel au successeur que la Marine leur a désigné, et, si les pourparlers échouent, ils peuvent le céder à d'autres ostréiculteurs. Enfin, ils ont la ressource, avant la cessation de leurs affaires, de demander l'adjonction d'un associé, qui, si l'association avait duré assez longtemps pour ne pas laisser supposer la vente de la concession, serait naturellement admis à leur succéder.

La location des établissements parait moins grave que l'aliénation. En la proscrivant, l'Etat a poursuivi un double objet. D'abord, la Marine veut savoir à qui elle a à faire, et nous avons vu les garanties personnelles qu'elle exigeait. Ensuite, elle tient avec raison à ce que les concessionnaires s'occupent directement de l'exploitation, à ce qu'ils soient des ostréiculteurs sérieux et non de simples spéculateurs.

Les infractions relatives à la vente et à la location des établissements sont prévues par les décrets règlementaires de 1853-1859 (par celui du 5 mai 1888 pour l'Algérie), et punies des peines portées à l'article 6 de la loi de 1852, indépendamment du retrait de la concession.

(F) L'ostréiculture française ne comptait pas vingt années d'existence ; elle était encore dans la phase des tâtonnements et des écoles onéreuses, lorsqu'elle fut grevée d'une charge qui contrastait avec les encouragements qu'on lui prodiguait par ailleurs. Elle fut englobée dans une mesure générale, qui, pour elle, était un non-sens économique.

Le point de départ de cette charge se trouve dans l'article 2 de la loi de Finances du 20 décembre 1872, ainsi conçu :

« Est autorisée, au profit de l'Etat, la perception de rede-
» vances à titre d'occupation temporaire ou de location des
» plages et de toutes autres dépendances du domaine mari-
» time. Mais, en ce qui touche les établissements de pêche,
» concédés par le Ministre de la Marine, il ne sera rien
» changé à ce qui existe jusqu'à ce qu'un accord soit inter-
» venu, dans le courant de 1873, entre le Ministre de la
» Marine et le Ministre des Finances. »

L'accord fut réalisé le 17 avril 1873. A cette date, les deux Ministres prirent de concert un arrêté qui, après avoir rappelé que, conformément à l'article 2 de la loi du 9 janvier 1852, les autorisations de création d'établissements de pêche, tant sur le domaine public que sur les propriétés privées recevant l'eau de la mer, sont accordées et retirées par le Ministre de la Marine, soumit à une redevance annuelle, fixée suivant le cas par le Ministre des Finances, par le Directeur Général de l'Enregistrement ou par son délégué, proportionnée à l'importance de l'exploitation et révisable à la fin de chaque période quinquennale, tout établissement de pêche situé sur le domaine public maritime ou sur une propriété privée alimentée par l'eau de la mer.

De cette redevance, payable en deux termes au Bureau des Domaines du lieu, étaient exemptées les concessions faites exclusivement aux inscrits maritimes, à leurs femmes, veuves ou enfants mineurs. En cas d'association entre inscrits et non-inscrits, ces derniers seuls acquittaient une redevance, proportionnelle à leur participation dans l'entreprise.

Pour l'exécution de l'arrêté, il fut procédé à un nouveau recensement général des établissements de pêche.

Comme l'acte du 17 avril 1873 ne distinguait pas entre les inscrits définitifs et les inscrits provisoires et qu'aucune condition de navigation n'est requise pour l'inscription provisoire, les détenteurs non-inscrits se firent en grand nombre porter sur les matricules de la Marine, à titre de novices, pour se soustraire à la redevance. Aussi, les Ministres de la Marine et des Finances prirent-ils, le 12 mai 1876, un arrêté modificatif, qui, débutant également par une déclaration de principes et rappelant que toutes les concessions, absolument personnelles, sont révocables à toute époque sans indemnité, ne laissa subsister le bénéfice de l'affranchissement de la redevance qu'en faveur des seuls inscrits définitifs, de leurs femmes, veuves ou enfants mineurs.

La loi de Finances du 29 décembre 1888 alla plus loin encore dans la voie de la restriction de la gratuité des concés-

sions, et son article 25 imposa, pour l'avenir, la redevance
aux inscrits définitifs eux-mêmes, quand ils ne l'étaient devenus qu'après l'âge de trente ans révolus, à moins qu'ils
n'eussent servi pendant trente-six mois dans les Equipages
de la Flotte.

Enfin, s'inspirant d'une idée émise par M. le Commissaire
Général Renduel dans un rapport publié le 7 juillet 1889 au
Journal officiel, la loi du 24 décembre 1896 sur l'Inscription
Maritime (article 49) a soumis à la redevance, mais au profit
de la Caisse des Invalides de la Marine, tous les inscrits maritimes définitifs, sauf en ce qui regarde les établissements
ayant pour unique affectation le parcage des coquillages ou
crustacés provenant de leur propre pêche. La loi de 1896,
entrée en vigueur le 1er juillet 1897, n'a pas eu d'effet rétroac-
tif (article 89) : les concessions accordées gratuitement à des
inscrits avant cette date continuent à jouir de l'exemption de
la redevance ; les agrandissements postérieurs de ces concessions y seraient seuls astreints.

Les Domaines n'ont pas à intervenir dans la question des
redevances imposées aux inscrits définitifs. Le taux en est
fixé, sur la proposition initiale du Commissaire de l'Inscription Maritime, par le Ministre de la Marine ou par le Préfet
Maritime, suivant qu'il s'agit d'une création ou d'une transmission d'établissement. Le paiement en est effectué dans la
Caisse des Invalides, aux époques d'échéances déterminées
par l'Administration locale après entente avec les concessionnaires.

Nous ne rechercherons pas si la nouvelle obligation imposée aux inscrits n'est pas en contradiction avec les privilèges
qui leur avaient été reconnus par les lois antérieures. Au
point de vue purement pratique, il faut considérer qu'ils sont,
en général, les moins fortunés des parqueurs, et que toute
charge est lourde pour eux. Dans ces conditions, le droit de
préférence proclamé en leur faveur par les Décrets de 1853-
1859 devient, pour ainsi dire, lettre morte. Dans la pensée
de M. le Commissaire Général Renduel, le paiement des re-

devances à la Caisse des Invalides devait constituer pour celle-ci des ressources supplémentaires, dont seraient appelés à profiter aussi les marins des côtes moins favorisées, où ne se pratique pas la culture huîtrière. La Caisse des Invalides étant une sorte de tontine, on a cru faire œuvre de solidarité maritime. Mais ce n'est là qu'une généreuse illusion ; le dilemme suivant l'eût dissipée : ou le montant des redevances acquittées par les inscrits atteindra un chiffre respectable, et le Parlement réduira inévitablement d'autant la subvention de l'Etat à la Caisse des Invalides, ou ce chiffre sera peu élevé, et la répartition entre les innombrables membres de la famille maritime donnera des résultats absolument insignifiants. Dans l'un et l'autre cas, des travailleurs intéressants auront été lésés, sans avantage appréciable pour la communauté des inscrits. D'ailleurs, la véritable solidarité implique la réciprocité. Or, plusieurs points du littoral, déshérités sous le rapport ostréicole, sont plus favorisés sous d'autres rapports ; il s'y pratique des pêches particulièrement fructueuses, dont les bénéfices demeurent en entier à ceux qui s'y livrent. Pour ces derniers, pas de prélèvement. Est-il bien moral qu'ils profitent du travail d'autrui sans apporter leur part contributive à la masse commune ? L'application de l'axiome « *à chacun selon ses œuvres* » nous paraîtrait ici préférable.

Au surplus, nous pensons, d'une façon générale, qu'on a fait fausse route en instituant une redevance sur les parcs à huîtres.

Qu'on y soumît toutes les occupations domaniales n'ayant pas pour objet l'exploitation des *fruits de la mer*, et, parmi les établissements de pêche, les pêcheries à poissons, qui sont si nuisibles, rien de mieux ! Mais ce sont précisément les pêcheries, établies sur des propriétés privées, qui paient le moins cher. Elles sont plutôt imposées à raison du nombre et de la dimension des prises d'eau, et non proportionnellement à l'étendue ou à l'importance de l'établissement. Encore faut-il, d'après l'article 2 de l'Arrêté du 12 mai 1876, que l'orifice de la prise d'eau occupe une partie du domaine national. Ce qui a permis à de riches Compagnies du Midi, qui avaient nettement refusé dès le début d'acquitter une redevance quelconque, d'obtenir gain de cause, à la faveur d'une interprétation quelque peu complaisante.

La redevance, qui n'est en somme qu'un prix de location, n'offre pas, comme l'impôt, des garanties d'impartialité ou d'uniformité, puisqu'il est loisible au bailleur de consentir à des accommodements avec le preneur. — De là, des inégalités de traitement motivées, tantôt par la force des choses, tantôt par des influences politiques. Lorsque, dans le Morbihan, les ostréiculteurs reprirent, à l'instigation de la Marine, les essais d'élevage qui avaient tout d'abord échoué et qui nécessitaient de grands emplacements, la Marine obtint pour quelques-uns d'entre eux la gratuité des concessions. Il fallait, en effet, encourager de semblables tentatives, qui allaient donner l'exemple au pays. C'était bien assez des risques courus, sans y ajouter la charge d'une redevance qui, s'élevant à cent francs l'hectare, eût arrêté toute entreprise. Le taux de la redevance n'atteignait pas partout ce chiffre, mais il était partout excessif. Des réclamations surgissaient de toutes parts, et, dès 1876, le Ministre de la Marine avait appelé l'attention de son collègue des Finances sur l'exagération des redevances, qui compromettait le développement de l'industrie huîtrière.

Les redevances ne furent cependant diminuées que plusieurs années après, et c'est seulement à la fin de 1888 que les représentants de la Marine furent enfin officiellement appelés, dans leurs propositions de création ou de transmission de parcs, à donner un avis sur le *quantum* de la redevance à imposer à chaque établissement. C'était par là qu'il eût fallu commencer.

Mais le souci des intérêts ostréicoles ne fut pas le seul motif qui fit battre en brèche l'œuvre du législateur de 1872. A la suite des désastres de l'hiver 1879-1880, où les pertes de certains parqueurs dépassèrent cent mille francs, d'innombrables pétitions, appuyées par le Département de la Marine, sollicitèrent la remise des redevances. Le Ministère des Finances, en exprimant le regret de ne pouvoir accéder à ce désir, répondit que ses délégués useraient de ménagements pour la perception des sommes dues et que des délais seraient individuellement accordés aux ostréiculteurs dans l'embarras. Fut-ce la crainte de perdre leur crédit, fut-ce plutôt celle de perdre leurs établissements (car les Receveurs des Domaines se montrèrent presque partout exigeants) ? les parqueurs s'exécutèrent aux époques règlementaires. Il n'y n'eut d'exception que dans le Quartier de Marennes, où, disait-on, le Député de la circonscription avait promis aux électeurs la décharge des redevances : pendant cinq ans, nulle redevance ne fut payée, ni par les anciens concessionnaires, qui avaient pu éprouver des pertes, ni même par les nouveaux détenteurs, qui n'en avaient subi aucune. Quand il fallut liquider une pareille situation, on se heurta à des difficultés considérables, et, finalement, les récalcitrants, qui étaient en même temps les influents, se dérobèrent au paiement de l'arriéré, sans qu'on songeât, naturellement, à rendre l'argent à ceux que les avertissements comminatoires du fisc avaient effrayés.

Bien que tout aujourd'hui soit rentré dans l'ordre, un régime qui rend possibles de tels agissements et des différences de traitement aussi choquantes est assurément des plus défectueux. Il a, au contraire, fonctionné sans difficulté en matière de concessions n'ayant pas l'industrie aquicole pour objet et en matière d'extractions de matériaux ou d'amendements marins, et, de ce chef, le système des redevances n'offre que des avantages.

La redevance que nous critiquons est-elle au moins nécessaire comme affirmation, comme signe extérieur, de la précarité des établissements ? Certainement non. La précarité résulte de la loi et des titres, et nous avons vu, d'ailleurs, que des concessions, sur le domaine public aussi bien que sur les propriétés privées, avaient échappé à la redevance.

Celle-ci procure à l'Etat quelques ressources ; mais, en nuisant à l'expansion de l'industrie huitrière, elle fait obstacle à l'accroissement d'autres ressources, qui seraient vraisemblablement supérieures, au double point de vue du rendement et de l'équité. Au reste, le revenu des redevances est si peu important que M. Berthoule le qualifiait « *d'insignifiant* » dans un rapport publié à l'*Officiel* du 7 juillet 1889, en même temps que celui de M. Renduel, son collègue au Comité consultatif des Pêches Maritimes. Aussi, M. Berthoule proposait-il de substituer au régime des redevances le système des locations par adjudications publiques, usité en Hollande et qu'il considérait comme plus productif.

Déjà, M. l'Ingénieur Hausser avait, en 1876, préconisé, à l'imitation des Etats-Unis, les concessions à long terme. Mais à un autre point de vue ; car M. Hausser, qui se préoccupait au contraire d'alléger les charges des ostréiculteurs, visait en même temps à donner plus de sécurité à leurs entreprises, en leur garantissant une durée déterminée. « Quel » autre peuple que les Français aventureux risquerait », disait-il, « des capitaux sur un établissement révocable *ad nutum ?* Il rendait cependant hommage à l'esprit d'équité du Département de la Marine, qui n'a jamais retiré arbitrairement les concessions et qui en continue la jouissance dans la même famille. Cette constatation suffit pour rassurer les intéressés : une concession indéfinie vaut pour eux mieux encore qu'une concession limitée, fût-elle à long terme.

Le projet Berthoule provoqua sur toutes les côtes la plus vive effervescence. Le Département de la Marine, qu'il avait séduit et qui avait commencé à donner des ordres pour en préparer l'exécution, dut l'abandonner en présence de cette agitation et des représentations qui lui furent soumises par les Administrations locales. Quelques ménagements, quelques tempéraments dilatoires qu'on apportât dans l'application de la mesure, elle n'en aboutissait pas moins à une dépossession générale, au mépris de toutes les situations acquises, de tous les intérêts engagés.

Comment, d'un autre côté, admettre que l'adjudication pût procurer des résultats financiers supérieurs aux produits de la redevance ? Les professionnels, qui réclamaient contre l'exagération de celle-ci, n'auraient certainement pas soumissionné à des conditions plus onéreuses encore. C'eût été la ruine pour eux. On était revenu de l'engouement des premiers temps de l'ostréiculture, où la fortune paraissait facile et rapide. L'expérience avait révélé des *aléas* insoupçonnés au début. Le parqueur était devenu réservé et prudent. A défaut des ostréiculteurs sérieux, réduits à l'impuissance, auraient surgi les spéculateurs avec leurs programmes trompeurs, leur cortège d'actionnaires inconscients, et on les avait déjà vus à l'œuvre. On se rappelait notamment l'histoire des parcs de Point-er-Ville, dits de « *Sainte Anne* » et la campagne du « *Figaro* ». Ce n'était pas à recommencer. Enfin, mues par un sentiment patriotique, certaines personnes appréhendaient que, sous le couvert de grandes Sociétés, les étrangers n'occupassent des points stratégiques de notre littoral, et faisaient remarquer que ni les Américains ni les Hollandais ne doivent avoir de semblables craintes.

Le régime des redevances, insuffisamment modérées selon nous qui voudrions voir la modération aller jusqu'au retour à la gratuité, a donc triomphé. Le recouvrement au profit du Trésor ou de la Caisse des Invalides est assuré par les voies de droit, et l'éviction des débiteurs récalcitrants est ici la suprême sanction.

Pour résumer l'examen des conditions juridiques de l'ostréiculture privée, on peut caractériser l'acte qui intervient entre l'Etat et les concessionnaires en l'envisageant comme un contrat d'une nature spéciale. Les obligations qui en découlent ne se résolvent pas en réparations pécuniaires, comme en matière civile. Les sanctions sont d'ordre moral pour l'Etat, et d'ordre pénal pour les détenteurs d'établissements.

CHAPITRE II

Conditions économiques.

L'étude économique d'une industrie en comprend nécessairement l'étude technique, surtout quand il s'agit d'une industrie aussi peu connue que l'ostréiculture.

Nous donnerons donc d'abord quelques notions indispensables sur la technique ostréicole.

Les établissements huîtriers sont, suivant les régions, désignés sous des appellations différentes. Mais ils doivent, d'après leur destination, être rangés en trois catégories, correspondant aux trois branches de l'industrie :

1º Les parcs où l'on récolte le naissain, dits « *parcs de reproduction.* »

2º Les parcs où se pratique l'élevage des jeunes sujets, ou « *parcs de demi-élevage.* »

3º Les parcs où le mollusque, plus ou moins engraissé, est conduit jusqu'au moment où il peut être livré à la consommation ; ce sont les « *parcs d'élevage.* »

Les établissements de plein exercice, qui réunissent les trois spécialités, sont l'exception. Les centres les plus importants sont : pour la reproduction et le demi-élevage, Arcachon et Auray ; pour l'élevage, Marennes et Cancale.

Nous nous proposons de présenter la monographie succincte de chacun d'eux, après avoir fourni des renseignements généraux sur les trois types de parcs que nous venons d'indiquer.

1º PARCS DE REPRODUCTION. — Coste avait pensé que la reproduction devait, pour éviter la déperdition du naissain, être recherchée et obtenue en bassins clos, au moyen de mollusques qu'on y déposait pour servir d'huîtres-mères. Le mécompte fut complet : les collecteurs ne recueillirent aucun naissain, et cet insuccès attrista les derniers jours de l'illustre embryogéniste. Il eut pourtant une consolation : ses premiers disciples entrevirent et lui signalèrent, d'après leurs expériences pratiques, la vraie solution du problème, qu'il avait touchée sans l'apercevoir. Nous avons vu, dans la partie scientifique de notre travail, le rôle indispensable des courants, qui sont le véhicule des germes fécondants et des produits fécondés. Or, dans les bassins clos, de peu d'étendue et insubmersibles, pas de courants : par suite, pas de naissain. Il faut des parcs ouverts, et il n'est pas nécessaire de s'approvisionner d'huîtres-mères ; celles du voisinage suffisent ; le flot en apporte les rejetons, et, s'il se perd en route une quantité considérable de naissain, il en reste encore assez pour garnir les collecteurs des parcs de reproduction. La voie trouvée, on s'y engagea résolument, et le succès réalisa les espérances conçues. Il s'agissait seulement de perfectionner le système des collecteurs. Après différents essais, on s'arrêta aux tuiles et aux plateaux en bois, qui sont aujourd'hui universellement employés. Restait à trouver le meilleur enduit propre à favoriser la fixation du naissain et à faciliter le détroquage. On en essaya de toutes sortes : le docteur Kemmerer recommanda d'abord une mixture de chaux hydraulique et de sang de bœuf défibriné, qu'il dût abandonner, parce que le sang défibriné n'est pas un produit courant ; puis, il préconisa l'intercalation d'une feuille de papier entre le collecteur et un enduit à base de chaux. M. Liazard employa une colle de farine de froment et de fécule de pommes de terre, à laquelle il superposa un bain de chaux ou de ciment. Ces divers procédés n'étaient pas très industriels. Depuis longtemps, on a adopté partout un mélange de chaux et de vase, qui donne d'excellents résultats. Les tuiles, convenablement chaulées, disposées en bouquets ou champignons à l'aide de fil de fer, sont déposées dans les parcs ; il en est de même des appareils en planches. L'essentiel est de placer les collecteurs au moment favorable. Nous savons, qu'installés prématurément, ils se recouvrent de polypes qui s'opposent à la fixation du naissain, et, qu'en les immergeant tardivement, on risque de n'avoir aucune récolte.

Dès les premiers temps, le D\ :sup:`r` Gressy, de Carnac, qui était un savant en même temps qu'un ostréiculteur entendu, avait observé que les polypes ne se rencontrent point dans les zones élevées, parce que « leur graine ne résiste pas à la chaleur » et qu'on les trouve « en nombre d'autant plus considérable sur les collecteurs que ceux-ci émergent moins longtemps pendant les grandes marées ». Il avait également remarqué que la ponte des polypes est à peu près terminée vers le 10 juillet. Et il en concluait que les collecteurs devaient être mis en place du 15 juin au 10 juillet dans la zone haute, et du 10 juillet au 1er août dans la zone basse. Le conseil est excellent d'une manière générale. Cependant, il est des circonstances atmosphériques ou autres qui peuvent influer sur l'époque de la ponte, l'avancer ou la retarder, comme le fait a été constaté deux années de suite dans le Morbihan, où la récolte du naissain dans les parcs a été des plus médiocres, malgré la fécondité des bancs naturels qui les devaient alimenter.

Aussi, l'Administration locale avait-elle fait prendre sur ces bancs une certaine quantité d'huîtres, à chaque grande marée, de mai à septembre. Les huîtres étaient ouvertes ; on examinait leur état au point de vue de la fécondation, et les résultats de l'examen étaient, par voie d'affiches, portés à la connaissance des parqueurs. Les intéressés étaient de la sorte fixés sur l'époque exacte à laquelle ils devaient installer leurs collecteurs. De plus, les ostréiculteurs, en rapprochant les indications fournies ainsi par la Marine des observations météorologiques qu'ils faisaient eux-mêmes, pouvaient, au bout d'un certain nombre d'années, rassembler les éléments d'une loi scientifique non moins utile qu'intéressante. Il est regrettable que ces expériences n'aient pas été poursuivies.

2° PARCS DE DEMI-ELEVAGE. — Le naissain à point est détroqué, c'est-à-dire enlevé de son collecteur, à l'aide de couteaux, et déposé, pour le soustraire aux dangers du premier âge, dans des caisses en fil de fer galvanisé, dites *caisses ostréophiles*, ou *ambulances*, parce qu'on s'en sert aussi pour les sujets adultes qui sont blessés. Le détroquage se pratique généralement au printemps, en Bretagne, et le plus souvent avant l'hiver à Arcachon, où la croissance du naissain est plus avancée. Quand les collecteurs doivent passer l'hiver, ils sont ordinairement déposés dans des bassins ; ce qui les soustrait aux rigueurs de la mauvaise saison et permet le dévasement des parcs de reproduction.

On commence par mettre dans les caisses une grande quantité de naissain ; mais, comme celui de la partie supérieure se développe avec rapidité, on est obligé « d'*écrémer* » les caisses à chaque maline ; c'est-à-dire d'enlever, pour le déposer dans d'autres caisses, le naissain de la surface, afin de faire de la place à celui qui reste. Quand les jeunes huîtres sont suffisamment résistantes, on les étend sur le sol, où elles continuent leur élevage ; d'où le nom de *parcs d'étendage*.

Dans les établissements qui sont assez protégés pour que le naissain n'ait pas à redouter ses ennemis, on le dépose directement sur le sol et on réserve les caisses pour les invalides et pour la « *criblure*. » Autrefois, les tables des ateliers de détroquage, couvertes de débris de chaux, étaient nettoyées, sans qu'on se souciât de ces débris, qui étaient perdus. Mais on a reconnu qu'ils contenaient, parfois en grand nombre, de tout petits naissains, à peine visibles, que l'on sauve aujourd'hui en partie et qui font les plus jolies huîtres, parce qu'elles n'ont pas de « *talon* ». C'est la « *criblure* ».

L'outillage des caisses est considérable ; elles nécessitent un constant entretien, de fréquents coaltarages, et leur manutention est incessante et dispendieuse. Le Dr Gressy, pensant qu'il était plus économique de sacrifier les tuiles collectrices, a inventé un procédé qui permet, en tout état de cause, l'étendage direct sur le sol. Comme Achille, le naissain est

surtout vulnérable par le talon. Le problème consistait à
renforcer le talon. A cet effet, avec des tenailles spéciales, le
Dr Gressy faisait briser la tuile autour de chaque naissain,
qui se trouvait ainsi adhérent à un fragment de tuile. Les
jeunes sujets, qu'il appela « *huîtres à tesson* » étaient déposés
sur les fonds. Cet ingénieux système est encore appliqué par
quelques adeptes du Dr Gressy ; mais il ne s'est pas généralisé, sans doute parce que les huîtres qu'il produit ont une
moins belle forme que les autres ; ells sont plus aplaties, et
l'exagération de leur talon les empêche de se « *coffrer* ».

Si les courants ont une influence capitale pour la reproduction, ils n'ont pas un moindre rôle en matière de demi-
élevage. La pousse des huîtres exposées à l'action des courants est excessivement rapide, et il n'est pas rare de voir
du naissain détroqué au printemps atteindre, à la fin de l'été,
la taille de cinq à six centimètres et même une taille supérieure.
Mais la pousse ainsi obtenue est une dentelle fragile, et le
développement du mollusque ne suit pas celui de la coquille.
Une culture trop intensive n'est donc pas à rechercher ; elle
ne fait pas gagner une année, comme on l'avait cru tout
d'abord ; car il est aux lois naturelles une limite qu'il faut
essayer d'atteindre sans chercher à la dépasser, et l'huître
qui a trop grandi la première année a besoin de se fortifier
l'année d'après. Les courants modérés sont, par suite, — et
les ostréiculteurs le savent aujourd'hui, — préférables aux
courants violents, qui nécessitent, du reste, des installations
particulières pour les empêcher d'entraîner les huîtres.

La propreté n'étant pas moins indispensable que les courants, les ostréiculteurs se préoccupent du constant nettoyage
de leurs établissements. L'opération est facile pour les parcs
qui ne sont pas entourés de murs ; elle est encore aisée pour
les bassins submersibles de petites dimensions ou de dimensions moyennes. Pour les établissements insubmersibles,
situés sur des propriétés privées, un sacrifice est nécessaire,
surtout quand ils ont une grande superficie. La partie qui
est dans le prolongement des vannes ou prises d'eau est la

seule qui soit naturellement nettoyée par la chasse des courants. Le reste est rapidement envasé, et l'on ne saurait songer à un nettoyage à main d'homme. Il faut donc diviser ces grands parcs en deux portions au moins, dont l'une est exploitée pendant que l'autre est laissée en jachères. Celle-ci, sous l'influence du lavage des pluies, et ensuite sous l'action du soleil, qui détermine le fendillement du sol, se purifie, par l'évaporation des gaz délétères.

Enfin, il résulte aussi des indications scientifiques données au début de notre travail que l'accumulation excessive des huîtres sur un même point doit être soigneusement évitée. Dans les commencements de l'ostréiculture, on estimait qu'on pouvait élever un million d'huîtres à l'hectare ; mais on a reconnu par la suite l'exagération de cette proportion. Il faut donc pour l'élevage de vastes étendues. Nous y reviendrons quand nous examinerons la situation particulière de l'industrie morbihannaise.

3° PARCS D'ELEVAGE. — Les producteurs sont, le plus souvent, en même temps, des demi-éleveurs. Ils vendent, à ce titre, aux éleveurs des sujets ayant généralement la taille règlementaire, et les éleveurs, après avoir donné le dernier perfectionnement à l'huître, la livrent à la consommation. L'objectif de ceux-ci est l'engraissement, c'est-à-dire le développement hypertrophique du foie du mollusque ; car, lorsqu'on mange une huître grasse, c'est surtout du foie gras que l'on déguste.

Ici, les courants seraient plutôt nuisibles ; les eaux calmes, mais toujours propres, sont préférables, et leur mélange avec une certaine proportion d'eau douce, — mélange naturel, appelé « *doucin* » dans la Charente-Inférieure, — joue un rôle important. Plus encore que pour le demi-élevage, les huîtres doivent être espacées. Ce sont toutes ces conditions réunies qui assurent l'incontestable supériorité des produits de Marennes. Nous voulons parler des huîtres vertes ; car les huîtres blanches de Marennes, très fines d'ailleurs, ne

nous paraissent pas l'emporter sur les produits similaires de
Cancale et de Bélon. Certaines huîtres blanches de Marennes
sont même, à la faveur d'un subterfuge d'emballage, vendues
sous le nom de « *cancalaises* », sans que les gourmets aient
jamais reconnu la supercherie. On peut donc admettre, sous
le rapport de la qualité, l'identité des produits.

Nous avons vu par les chiffres globaux donnés au début de
cette étude, les résultats de la campagne 1895 pour l'ensemble
des établissements ostréicoles. Les deux tableaux suivants
en fournissent le détail par Quartiers et par ports ; ils sont
empruntés à la statistique officielle : le premier se rapporte
aux huîtres indigènes, et le second aux huîtres portugaises.

1er TABLEAU. — HUITRES INDIGÈNES

QUARTIERS ET PORTS	ÉTABLISSEMENTS			NOMBRE D'HUITRES sorties	VALEUR
	NATURE	NOMBRE	SUPERFICIE		FR.
DUNKERQUE	Dépôts	2	0ʰ 2ᵃ 50ᶜ	39.000	3.000
BOULOGNE					
Boulogne	Parcs	1	2 00 00	31.668	1.875
Etaples	Idem	2	3 00 00	63.332	3.937
DIEPPE					
Dieppe	Idem	3	24 37	1.990	210
Le Tréport	Idem	1	5 00	37.000	2.850
FÉCAMP					
St-Valery-en-Caux	Dépôts	1	» » »	40.500	1.550
St-Pierre-en-Port	Idem	1	» » »	5.000	480
Fécamp	Réservoirs	3	32 00	117.300	5.800
Yport	Dépôts	1	» » »	4.850	242
Etrétat	Réservoirs	1	5 50	15.000	1.327
LE HAVRE					
Harfleur	Idem	2	» » »	2.630.000	130.000
TROUVILLE	Dépôts	1	2 00 00	499.000	11.725
CAEN					
Dives	Parcs	4	64 00	126.500	1.501
Ouistreham	Idem	3	39 40	68.500	5.020
Courseulles	Idem	14	8 22 25	5.555.700	386.020
LA HOUGUE					
Grandcamp	Idem	1	2 40 00	310.000	18.000
La Hougue	Idem	50	12 92 52		
	Dépôts	69	48 07 78	10.921.460	390.900
	Claires	16	10 54 00		
CHERBOURG					
Cherbourg	Parcs	4	19 00 00	210.000	10.900
Portbail	Réservoirs	2	16	26.800	1.690
GRANVILLE					
Regnéville	Parcs	8	7 07 00	73.000	2.750
Granville	Idem	72	10 30 00	802.100	43.575
CANCALE	Parcs et Etalages	1.293	174 00 00	15.817.000	348.100
DINAN	Parcs	1	1 30 00	58.000	2.680
PAIMPOL	Idem	6	1 25 12	506.135	24.709
TRÉGUIER	Idem	25	4 55 00	930.000	25.500
MORLAIX	Idem	23	79 00 00	1.254.200	13.759
LE CONQUET	Idem	2	» » »	369.600	9.042
BREST	Idem	1	36 00	1.650.000	75.000
QUIMPER	Parcs et Claires	8	5 84 95	845.500	15.800
CONCARNEAU	Parcs	39	35 00 00	16.800.000	430.000
LORIENT					
Lorient	Idem	3	1 00 00	2.100.000	34.950
Doëlan	Idem	167	39 00 00	8.259.250	99.825
AURAY					
Etel	Idem	74	40 21 90	11.017.000	93.815
Trinité-sur-Mer	Idem	101	72 44 40	25.699.000	337.831
Auray	Parcs et Claires	696	543 78 00	37.946.910	343.833
Larmor-Baden	Parcs	114	51 00 00	3.300.000	46.000
A Reporter		2.815	1.176ʰ 01ᵃ 85ᶜ	148.131.295	2.924.194

SUITE DU 1er TABLEAU

QUARTIERS ET PORTS	ÉTABLISSEMENTS					NOMBRE D'HUITRES sorties	VALEUR
	NATURE	NOMBRE	SUPERFICIE				
							FR.
Report........		2.815	1.176 h	01 a	85 c	148.131.295	2.924.194
VANNES							
Ile aux Moines..	Parcs	80	80	46	00	2.180.000	39.240
Vannes.........	Idem	37	16	90	00	8.850.000	288.000
Montsarrac......	Idem	16	36	00	00	108.500	16.840
Sené...........	Idem	147	3	95	00	695.000	13.180
Sarzeau........	Idem	200	180	00	00	790.000	22.000
Port Navalo.....	Idem	36	42	00	00	409.500	100
Damgan........	Idem	284	30	60	00	2.090.000	45.360
LE CROISIC							
Mesquer........	Idem	5	2	23	00	25.000	660
Le Croisic.......	Idem	20	30	00	00	120.000	25.000
Pénestin	Idem	7	3	00	00	75.000	2.250
NOIRMOUTIER.......	Idem	83	79	00	00	1.690.000	26.350
SABLES-D'OLONNE...	Idem	600	40	00	00	5.315.300	114.900
LA ROCHELLE......	Claires	3	7	68	00	66.000	2.560
ILE DE RÉ.........	Parcs	2.138	406	24	00	10.157.000	151.320
	Claires	297	8	26	00		
ILE D'OLÉRON	Claires et Réserv.	1.260	51	00	00	74.000.000	959.000
	Viviers	4.070	360	00	00		
ROCHEFORT........	Idem	690	91	00	00	5.326.000	45.250
	Claires	99	29	00	00		
MARENNES							
Marennes	Claires et Viviers	550	60	00	00	3.090.000	90.000
Le Chapus	Viviers	2.170	630	00	00	14.152.000	460.320
La Tremblade...	Idem	480	42	00	00	89.300.000	2.531.700
	Claires	10.000	900	00	00		
L'Eguille........	Claires et Viviers	1.962	395	00	00	6.600.000	180.000
ARCACHON.........	Parcs	5.824	3.348	00	00	446.986.000	3.462.874
BAYONNE							
Cap Breton......	Caisses	27	»	»	»	5.200.000	38.635
St-Jean de-Luz ..	Claires	14	2	50	00	12.000	420
CETTE............	Caisses	4	»	17	25	3.418.010	98.910
LA CIOTAT........	Parcs	1	1	40	00	38.100	1.143
TOULON							
La Seyne........	Parcs et Dépôts	6	5	94	92	1.938.000	85.200
CANNES	Dépôts	5	»	2	70	275.000	12.000
NICE.............	Parcs	4	»	5	69	171.600	13.953
AJACCIO							
Bonifacio	Idem	1	»	»	»	410.000	10.500
ALGER							
Dellys...........	Idem	1	1	00	00	30.000	1.500
ORAN	Viviers flottants	10	»	2	80	872.000	33.165
TOTAL........		33.946	8.059 h	47 a	21 c	832.521.305	11.696.524

2ᵉ TABLEAU. — HUITRES PORTUGAISES

QUARTIERS ET PORTS	ÉTABLISSEMENTS			NOMBRE D'HUITRES sorties	VALEUR
	NATURE	NOMBRE	SUPERFICIE		
					FR.
Fécamp					
St-Pierre-en-Port.	Dépôts	»	» ʰ » ᵃ » ᶜ	6.000	450
Le Havre					
Harfleur	Réservoirs	»	» » »	1.060.000	22.000
Caen					
Dives	Parcs	»	» » »	46.500	1.820
Courseulles........	Idem	»	» » .»	437.000	15.570
Noirmoutier........	Idem	6	7 00 00	25.000	150
La Rochelle					
La Rochelle	Idem	1.233	120 00 00	20.000.000	93.600
Marans.........	Idem	4	36 00	30.000	144
Esnandes........	Idem	1.013	87 71 00	18.890.000	97.048
Oléron	Viviers	4.123	371 00 00	71.500.000	572.000
Marennes					
Marennes	Claires et Dépôts	975	310 00 00	6.750.000	150.000
Le Chapus	Parcs et Dépôts	2.000	600 00 00	35.599.000	344.640
La Tremblade....	Viviers et Claires	»	» » »	65.200.000	482.000
L'Eguille	Idem	»	» » »	18.800.000	177.600
Pauillac					
Verdon	Parcs	69	69 00 00	9.650.000	5.918
	Claires	5	5 70 00		
Cette.............	Caisses	»	» » »	1.228.384	34.991
Totaux........		9.428	1.570ʰ 77ᵃ 00ᶜ	249.221.884	1.997.931

Les trois graphiques ci-après, qui nous sont fournis par l'ouvrage du Dʳ Roché, fixeront davantage les idées. Ils font ressortir, l'un pour les huîtres indigènes, l'autre pour les huîtres portugaises, l'importance relative des cinq arrondissements maritimes et des principaux centres, au point de vue des rendements bruts de l'ostréiculture privée (en valeurs).

Les deux secteurs du troisième graphique sont proportionnels aux rendements bruts en valeurs de la culture des deux espèces d'huîtres dans les établissements privés.

GRAPHIQUE I (Huîtres indigènes)

1. Sous-arrondissements de Dunkerque et du Havre........
2. Caen............................
3. La Hougue......................
Ier ARRONDISSEMENT

4. Sous-arrondissement de St-Servan (Cancale, etc.)............
5. Concarneau ....
6. Tréguier, Brest.................
IIe ARRONDISSEMENT

7. Lorient.........................
8. Auray..........................
9. Vannes.........................
10. Sous-arrondissement de Nantes..
IIIe ARRONDISSEMENT

11. Oléron.........................
12. Marennes.......................
13. Les Sables, La Rochelle, Ile de Ré.
14. Arcachon ....
15. Bayonne, Pauillac...............
IVe ARRONDISSEMENT

16. ....
Ve ARRONDISSEMENT

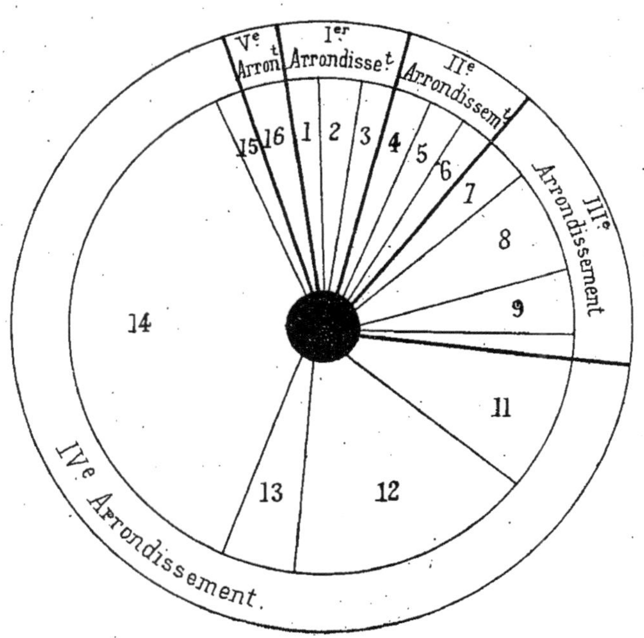

GRAPHIQUE II (Huîtres portugaises)

1. .... { Ier ARRONDISSEMENT

2. La Rochelle....................
3. Oléron.........................
4. Rochefort......................   IVe ARRONDISSEMENT
5. Marennes.......................
6. La Teste, Pauillac.............

7. ....   { Ve ARRONDISSEMENT

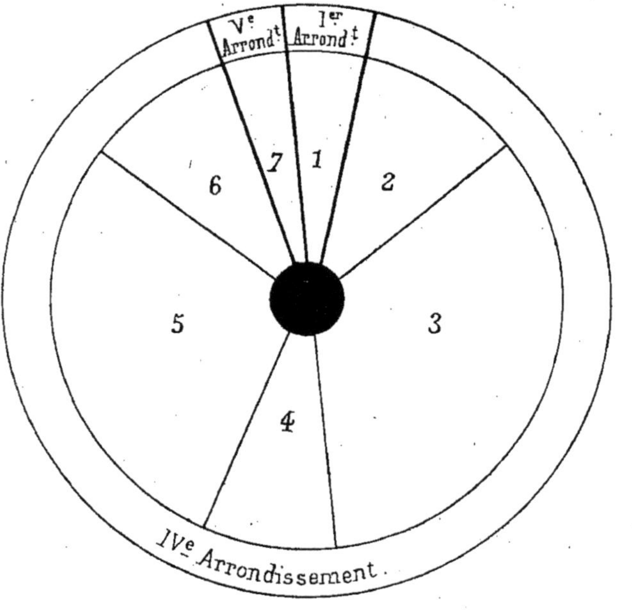

GRAPHIQUE III

Dans l'impossibilité où nous sommes de passer en revue tous les centres ostréicoles, nous nous bornerons à une notice sur les plus intéressants d'entre eux, tant par leur importance que par leur caractère particulier. Ce sont, en quelque sorte, des types originaux, qui ont servi d'exemples sur les autres points.

Ils forment, d'ailleurs, deux classes bien distinctes : Auray et Arcachon, centres de reproduction et de demi-élevage, représentent l'ostréiculture moderne, celle dont Coste a été l'inspirateur. Cancale, et Marennes surtout, pays d'élevage et d'engraissement, sont les représentants de l'ancienne ostréiculture française. Mais, entre Auray et Arcachon, de même qu'entre Marennes et Cancale, il existe des différences industrielles et économiques, que nous tâcherons de mettre en lumière.

·1º Bassin d'Auray. — C'est dans le Morbihan que Coste trouva, dès le début, ses plus fervents disciples. Les premiers insuccès ne les rebutèrent pas. Avec la ténacité bretonne, ils vinrent à bout des difficultés. Aussi, quel cri de triomphe lorsque les collecteurs furent enfin garnis de naissain! On crut, après tant d'efforts, tant de sacrifices, toucher à la fortune, et, effectivement, le naissain se vendit tout d'abord un prix exagéré. Mais il fallut promptement en rabattre : ce n'était pas tout d'avoir obtenu le naissain, il était nécessaire de l'élever dans la région ; car les parqueurs des pays d'élevage qui en avaient acheté ne tardèrent pas à s'apercevoir qu'ils avaient fait une mauvaise spéculation, le naissain étant généralement trop délicat pour supporter les grands voyages, et la mortalité étant excessive. Il fallait donc livrer aux éleveurs des huîtres de demi-élevage. Or, les premiers essais ne furent pas heureux ; et, vers 1875, on en était arrivé à cette conclusion désolante que le demi-élevage était presque impossible dans le Quartier d'Auray. L'espace cependant ne manquait pas ; mais peu d'emplacements semblaient convenables. Que tenter sur d'immenses et profondes vasières, où les travailleurs n'osaient même pas s'aventurer ?

Une grande découverte sauva la situation : le Dr Gressy trouva le moyen de consolider les vases par l'épandage d'une couche de sable gravier, ou de petites pierres. Il n'est pas nécessaire que la couche soit épaisse : on obtient un sol tremblant, mais suffisamment résistant. Plus tard, l'infatigable docteur compléta cette invention par le drainage des vasières envahies par les zostères, dont la décomposition était un autre danger. Les stimulants venaient aussi par ailleurs. Certains essais de demi-élevage avaient déjà réussi dans le golfe du Morbihan, dans le Quartier de Vannes, et, sur la côte du Quartier d'Auray, les débuts de l'exploitation du Brénéguy-en-Locmariaquer, qui a depuis subi des fortunes diverses, frappaient tous les esprits. C'est un domaine d'une quarantaine d'hectares, submergé par les flots. On y voyait encore les traces des sillons et des haies des anciens champs, quelques années après sa conversion en parc à huîtres. Vu sa dimension, le Brénéguy est une véritable petite mer. Aussi, devint-il un parc de plein exercice : les huîtres déposées y émirent, dès la première année, sans qu'on s'y attendît, un naissain tellement abondant que les haies, qui en étaient garnies, ressemblaient de loin à des buissons en fleurs. La pousse s'accusa énergique et rapide ; l'engraissement et la bonification des huîtres ne furent pas moins satisfaisants. Elles verdirent même, la seconde année ; ce qui fut, du reste, un mal ; car les Anglais, qui ne mangent pas d'huîtres vertes, résilièrent les marchés qu'ils avaient passés avec le Brénéguy.

C'était, nous l'avons vu, l'époque où le Gouvernement britannique se préoccupait de la question huîtrière. Il envoya successivement en France M. Hall, délégué du Board of Trade, et le Major Hayes, Inspecteur des Pêches à Dublin, pour étudier, avec nos procédés de reconstitution des bancs naturels, nos méthodes d'ostréiculture privée.

Les résultats alors obtenus en Bretagne fixèrent vivement l'attention des envoyés du Royaume-Uni, et, dans son rapport, le Major Hayes recommanda aux parqueurs anglais et irlandais de s'approvisionner de jeunes huîtres armoricaines, auxquelles il donnait la préférence sur les huîtres arcachonnaises. Quelques essais déjà tentés avec celles-ci n'avaient pas répondu aux espérances. On avait remarqué, en effet, que les huîtres réussissaient ordinairement moins bien quand elles étaient transplantées sous une latitude plus septentrionale, à cause, sans doute, du changement de température des eaux. Or, la différence de latitude entre l'Irlande et le Morbihan devait être sans importance, parce que le voisinage du Gulf-Stream y entretient une égale température.

Cependant, à la veille de l'Exposition universelle de 1878, et malgré les progrès accomplis, l'ostréiculture morbihannaise était encore peu connue. Le Département de la Marine ayant convié les parqueurs de chaque circonscription à se réunir en assemblées générales sous la présidence du Commissaire de l'Inscription Maritime pour assurer le succès de l'exhibition ostréicole, les Alréens, qui furent les seuls à répondre à cette invitation, saisirent l'occasion avec empressement. Ils comprirent que le but à poursuivre n'était pas de mettre en évidence les individualités, mais de faire connaître l'industrie du pays, et ils résolurent d'organiser une exposition anonyme et collective. C'était un peu contraire au Règlement, mais leur ténacité fit passer outre. Séduits par la résolution des parqueurs du Quartier d'Auray, les parqueurs du Quartier de Vannes et même quelques ostréiculteurs du Quartier de Lorient se joignirent à eux, et l'exposition d'ensemble du Morbihan fut présentée sous le titre d'exposition du « *Bassin d'Auray.* » Elle était fort belle ; rien n'y fut épargné. De plus, des notices sur l'ostréiculture morbihannaise furent distribuées par milliers aux visiteurs. Le Major Hayes avait bien voulu les traduire et en faire imprimer un grand nombre d'exemplaires à Dublin. Il ne borna pas là son intervention ; il incita directement quelques-uns de ses compatriotes à visiter le Morbihan et à y faire des achats.

Telle est, pour la Bretagne, l'origine du marché anglais ; car, jusque-là, les transactions avaient été intermittentes et sans importance. Tout d'abord, nos voisins d'outre-Manche

recherchèrent le naissain. En les prenant toutes petites, ils avaient plus de chances, par un élevage complet dans leurs eaux, de faire passer nos huîtres pour des « *natives* » anglaises. Mais, sur un grand nombre de points, le naissain breton leur donna presque les mêmes déceptions que les jeunes sujets arcachonnais. Force leur fut de se rabattre sur les huîtres de demi-élevage. En peu de temps, les demandes furent telles que les grands parqueurs, qui avaient traité avec les Anglais, se trouvèrent, pour compléter les commandes, dans l'obligation de recourir aux petits parqueurs, au grand avantage de ces derniers, qui n'avaient pas de relations commerciales extérieures. Malheureusement, depuis quelques années, l'exportation a subi un ralentissement considérable, aussi bien en Bretagne qu'à Arcachon. M. Pottier, Commissaire de l'Inscription maritime à Arcachon, attribue ce ralentissement à la frayeur qu'inspira aux Anglais un cas de transmission présumée de la fièvre typhoïde par des huîtres françaises ; mais il ajoute, avec raison, que l'émotion qui s'empara de la Grande-Bretagne fut, sinon provoquée, au moins entretenue par des rivalités professionnelles, et il espère que la situation ne sera que temporaire. Nous le pensons également. Les savants anglais ont déja rassuré le public, et nous ne croyons pas les eaux britanniques assez enrichies pour qu'elles puissent se passer longtemps de nos produits.

L'union réalisée en vue de l'Exposition de 1878 devait lui survivre. Elle avait donné aux parqueurs morbihannais de trop bons résultats pour qu'ils ne songeassent pas à la consacrer définitivement. La question fut étudiée et débattue, et, à la fin de 1880, ils fondèrent, sous le nom de « *Société ostréicole du Bassin d'Auray* », en conservant à la région l'appellation qui leur avait déjà porté bonheur, une association dont le premier président fut le commandant Brossard de Corbigny, capitaine de frégate en retraite. Le but de la Société est de défendre les intérêts généraux, de procurer à ses membres tous les renseignements utiles, mais en laissant à chacun d'eux la plus entière liberté commerciale. Pour l'obtenir, on décida, dès le principe, la tenue de fréquentes réunions et la publication d'un Bulletin périodique traitant des matières relatives à l'ostréiculture publique et à l'ostréiculture privée.

Celles-ci sont, en effet, dans le Morbihan, plus intimement liées que partout ailleurs ; parce que, si les bancs naturels venaient à disparaître, l'industrie serait immédiatement ruinée, faute d'aliment. Comme nous l'avons dit précédemment, ces bancs occupent le lit ou chenal des rivières et fournissent exclusivement le naissain aux parcs de reproduction qui s'étendent de chaque côté des gisements naturels.

Le peu de consistance du sol de la plupart des parcs de reproduction a fait adopter ici une disposition particulière pour les collecteurs en tuiles, afin d'éviter leur envasement. Les bouquets sont traversés par un long piquet en bois, qui s'enfonce dans la vase jusqu'à une planchette d'arrêt maintenant les tuiles au-dessus du sol. Cette disposition facilite, en outre, la pose et l'enlèvement des appareils collecteurs, qui s'effectuent à mi-marée, au moyen de bateaux ; et, de plus, elle fait obstacle au déplacement des bouquets par les courants.

Quant au demi-élevage, il se pratique sur les terrains naturellement fermes, à fond de sable-vasard ; sur les vasières conquises par le procédé Gressy, et dans des bassins qui, situés sur le domaine public ou dans des propriétés privées, servent en même temps de bassins d'expédition.

Enfin, l'élevage complet et même l'engraissement sont obtenus sur les points favorisés, notamment dans le fond du golfe de Morbihan, où se rencontrent toutes les conditions voulues de tranquillité et de salure modérée des eaux.

Sur le marché français, les huîtres morbihannaises jouissent d'une légitime réputation, qui n'est pas moindre qu'en Angleterre. Mais dans les centres d'élevage, comme Marennes et l'île d'Oléron, elles luttent péniblement contre leurs concurrentes arcachonnaises. Et pourtant, le prix de la main d'œuvre bretonne est très inférieur à celui d'Arcachon : il y a quelques années, quand nous habitions Auray, le salaire quotidien des hommes était de 1 fr. 50 (ou de 1 fr. 25 avec trempage de la soupe), et celui des femmes, de 0 fr. 75 à 1 fr., alors que le personnel employé dans les parcs d'Arcachon gagnait de 3 à 4 francs par marée, et nous n'avons pas appris que la proportion se fût sensiblement modifiée. Mais le Bassin d'Arcachon est d'une prodigieuse fécondité, à laquelle nulle autre ne peut être comparée, et les cours y sont moins élevés qu'en Bretagne.

La tuile bretonne, de trente-deux centimètres, ne rapporte guère, année moyenne, que cinquante naissains, et elle revient, après détroquage, tous frais compris, à environ sept centimes. Le naissain coûte donc 1 fr. 40 le mille au producteur. Or, le prix de vente est descendu parfois à 0 fr. 50 dans le Bassin d'Arcachon, où les tuiles bordelaises, de quarante-huit centimètres, sont recouvertes de plusieurs centaines de naissains.

Si nous effectuons les calculs dont les éléments sont donnés dans la statistique de 1895, nous voyons que le prix moyen du millier d'huîtres ressort à 7 fr. 75 à Arcachon, tandis qu'il est de 9 fr. 06 pour la rivière d'Auray et de 13 fr. 35 pour l'ensemble du Bassin d'Auray.

Au point de vue des frais de transport, l'avantage reste encore à Arcachon, plus rapproché des grands centres d'élevage. Autrefois, l'éloignement était moins préjudiciable aux Bretons; parce que les éleveurs de Marennes et de l'île d'Oléron, en venant avec leurs bateaux, au moment de la pêche publique, s'approvisionner à Auray d'huîtres de drague auprès des pêcheurs, traitaient également avec leurs confrères du Morbihan pour se procurer en même temps des huîtres de parcs, et les relations ainsi établies continuaient le reste de l'année. Aujourd'hui, l'appauvrissement des bancs naturels les a éloignés de ce pays.

Tant d'efforts et de travaux méritent mieux ! Comme ils ont triomphé des difficultés industrielles, les Bretons triompheront des difficultés économiques, grâce à leur persévérance et à leur entente. Il faut d'abord qu'ils poursuivent auprès du

Département de la Marine un meilleur aménagement des bancs naturels, pour que ceux-ci recouvrent leur ancienne prospérité. Ils doivent, en second lieu, s'efforcer d'augmenter le rendement du naissain par un choix plus judicieux de l'époque précise de la pose des collecteurs, en faisant reprendre les expériences abandonnées.

A la tête du mouvement ostréicole du Morbihan nous avons vu surtout des savants et de grands propriétaires. Les marins, au début, ne montrèrent pas, en général, un vif empressement, malgré les encouragements qui leur furent prodigués par l'Etat, sous plusieurs formes (installation de parcs d'expérimentation, offre d'emplacements et même de premier matériel). Ils ne profitèrent pas du droit de préférence que leur accordaient les règlements, et se bornèrent à envoyer travailler dans les parcs d'autrui leurs femmes, leurs enfants et ceux d'entre eux qui ne pouvaient plus naviguer. C'est qu'il fallait, pour organiser l'industrie, et des loisirs et des capitaux. Quand ils en eurent constaté le succès, plusieurs d'entre eux sollicitèrent à leur tour des concessions, et, bien qu'ils ne fussent pas toujours les mieux partagés, puisqu'ils arrivaient tardivement à la distribution, ils n'en obtinrent pas moins de bons résultats : les grands parqueurs, chez lesquels beaucoup avaient fait un apprentissage et qui leur avaient tracé la voie, leur évitaient ainsi des mécomptes : ils leur procuraient, de plus, des débouchés, comme nous l'avons dit, et quelquefois même leur abandonnaient le trop-plein de leurs récoltes de naissain ; enfin, pour le marin, la main-d'œuvre ne compte pas, parce qu'elle est fournie par la famille.

Dans la rivière de la Trinité, plusieurs familles se groupèrent et, sous le patronage de la Marine, les associations du « *Lac* » et de la « *Grassenne* » furent fondées, pour une exploitation commune, par de vieux marins et des veuves d'inscrits maritimes. Il eût été à souhaiter que des sociétés de l'espèce se généralisassent.

En résumé, l'harmonie est parfaite dans le Morbihan, où

la grande et la petite industrie se complètent heureusement. L'ostréiculture est entrée là dans les mœurs, et chacun y cherche un supplément de ressources, depuis le gentilhomme, qui ne déroge pas en la pratiquant, jusqu'au plus humble matelot, qui y trouve l'occupation et l'amélioration du sort des siens. Elle est un honneur comme l'agriculture ; comme elle, elle célèbre ses travaux ; et, dans notre enfance, nous avons vu les ouvriers ostréicoles des deux sexes fêter à Auray la récolte du naissain, chez leurs patrons, par un plantureux repas, suivi de longues danses au son du biniou et de la bombarde.

2° BASSIN D'ARCACHON. — Ici, à la différence d'Auray, l'appellation répond à la réalité hydrographique. C'est une mer intérieure circulaire de plus de 15,000 hectares, sillonnée par des chenaux, et dont les deux tiers environ assèchent à mer basse. Ces parties émergentes entre les chenaux portent le nom de « *crassats* » ; elles sont généralement recouvertes de zostères (« *moussillon* », dans le langage du pays).

Des gisements huîtriers nombreux et prospères existaient autrefois dans les chenaux et sur les crassats, comme nous avons eu déjà l'occasion de l'indiquer ; car, dans un travail comme celui-ci, les redites sont inévitables. Les huîtres étaient encore si abondantes à Arcachon au commencement du siècle que le panier de deux cent cinquante s'y vendait 0 fr. 75. Mais, en l'absence de toute règlementation et de toute surveillance, les riverains se livrèrent au pillage, et, afin d'arrêter la destruction des bancs, on envoya, en 1840, un bâtiment de l'Etat pour la police du Bassin. Il ne paraît pas que cette mesure ait eu tout le succès qu'on en attendait: avec un unique Garde-Pêches, la surveillance sur mer ne pouvait s'exercer sur tous les points à la fois, et, de plus, l'écoulement par terre des produits de la fraude est particulièrement facilité par la disposition des lieux.

Telle était la situation au moment des premiers travaux de Coste. On songea alors à remédier au mal, en recourant aux procédés ostréicoles qu'il préconisait. Puisque les bancs naturels étaient épuisés, on en créérait d'artificiels, que leurs détenteurs auraient intérêt à protéger. C'étaient autant de gardiens vigilants qu'on se procurait. — Les crassats étaient naturellement désignés ; et, de 1854 à 1857, il y fut concédé vingt établissements. Ce fut la genèse de l'ostréiculture arcachonnaise.

Mais il n'était encore question que d'élevage à Arcachon. Aussi, en 1860, Coste installa-t-il trois parcs modèles pour la reproduction, sur les crassats du Grand-Cès, de Crastorbe et de Lahillon. Les collecteurs de diverses espèces qui y furent placés (coquilles de sourdons, planchers en bois, tuiles) se couvrirent de naissain. Ces résultats frappèrent vivement la population, et les demandes de concessions affluèrent. Le mouvement était imprimé; et, lorsque, en 1872, les parcs modèles de l'Etat, qui avaient rempli leur objet, furent attribués à la *Société Centrale de Sauvetage des Naufragés*, on comptait déjà près de douze cents exploitations en pleine activité.

Ainsi le Bassin était sauvé, puisqu'on recueillait dans les établissements particuliers, qui occupaient une partie des anciennes huîtrières naturelles, la semence provenant des natives ou « *gravettes* » qui avaient survécu à la destruction des bancs. Mais la réciproque était-elle vraie? Les sujets parqués allaient-ils, à leur tour, émettre du naissain et concourir à l'ensemencement du Bassin? Si Coste avait affirmé la possibilité de la reproduction en parcs clos, nous savons les déceptions qu'il avait éprouvées ailleurs. A Arcachon, au contraire, la réussite fut complète. M. Bouchon-Brandely attribue à MM. de Montaugé frères, qui menaient de front les essais scientifiques et industriels, les premières expériences et la constatation de la reproduction des huîtres parquées, dans le Bassin.

C'est que la nature a tout fait pour celui-ci, qui est merveilleusement disposé. Protégé contre l'agitation tumultueuse de la haute-mer, un courant modéré et bienfaisant y règne, qui transporte le pollen aux mères et les larves aux collecteurs avant qu'ils soient entraînés au large par le jusant. Si, dans ce double voyage, il y a des pertes, elles sont infiniment moindres que partout ailleurs. Or, les parcs fermés d'Arcachon n'ont pas une enceinte assez élevée pour faire obstacle à l'intervention fécondante des courants, et, tenus dans un constant état de propreté, ils se trouvent, sous le rapport de la reproduction, dans les mêmes conditions que les gisements naturels.

L'action réflexe des foyers reproducteurs artificiels devint même si intense qu'elle permit d'envisager, sans appréhension pour l'avenir, la suppression de l'action initiale des foyers reproducteurs naturels. L'alimentation du Bassin en naissains pouvait désormais être assurée par les seuls établissements particuliers. Cependant, par mesure de prudence, certains bancs sur les crassats furent réservés, surveillés, garnis chaque année de coquilles collectrices, et l'Etat n'y autorisa la pêche que tous les trois ans environ.

Les parcs de reproduction sont situés dans la partie basse des concessions, celle qui avoisine les chenaux. On y emploie surtout des tuiles disposées en ruches. Les procédés sont, du reste, d'une façon générale, les mêmes que dans le Morbihan.

Les bassins de demi-élevage, appelés « *claires* », bien qu'ils n'aient ni le même aspect ni le même objet que les claires de Marennes, occupent les parties hautes. Ils sont aménagés avec une parfaite intelligence de l'industrie. L'exploitation y est admirablement comprise, et, sur plusieurs établissements, facilitée par l'installation de petits chemins de fer. Comme les caisses ostréophiles coûtent fort cher et reviennent à une dizaine de francs, sans compter les frais d'entretien, beaucoup d'Arcachonnais ont adopté le système des claires blindées, dont nous avons déjà parlé. Les établissements ne sont pas tous, comme en Bretagne, à proximité du rivage ; ceux du centre du Bassin sont, en conséquence, complétés par des pontons, qui servent d'ateliers flottants ; et la communication entre la terre et les concessions est

assurée par d'innombrables et légères embarcations, appe-
lées « *tilloles* ».

L'élevage complet est enfin pratiqué sur quelques points.
Mais il ne faudrait pas croire que les huîtres des parcs
d'engraissement soient les seules livrées à la consommation.
Une huître n'a pas besoin d'être grasse pour être comestible ;
elle est seulement moins savoureuse et ne se vend pas aussi
cher. De même qu'en Bretagne, les demi-éleveurs d'Arcachon
ne se bornent pas à traiter avec les éleveurs français ou
étrangers : ils écoulent le plus qu'ils peuvent sur les marchés de consommation ceux de leurs produits qui ont atteint
la dimension règlementaire.

Lorsque la destinée du Bassin était encore incertaine, on y
tenta quelques essais d'acclimatation des huîtres américaines
et portugaises. Mais la réussite du mollusque indigène fit
abandonner ces tentatives, et les Arcachonnais, toujours favorisés, échappèrent à l'invasion portugaise, qui se propageait
ailleurs avec rapidité. La résistance du Bassin à une semblable invasion est un fait remarquable, qu'on a enregistré
sans pouvoir en donner une explication absolument satisfai-
sante. Il est à supposer qu'il ne se reproduirait pas ailleurs,
et nous estimons que la *Société ostréicole du Bassin d'Auray*
a agi sagement en provoquant la défense de l'introduction
des sujets portugais dans les parcs du Morbihan. (Décision
ministérielle du 12 avril 1888). Quant à l'hybridation, elle
n'a pas été plus constatée avec les huîtres américaines
qu'avec les portugaises.

Si la situation industrielle du Bassin d'Arcachon est de
premier ordre, sa situation économique est étrange, ainsi
que nous l'avons précédemment signalé. Après l'épuisement
dss gisements naturels et pendant la période de reconstitution, on comprenait l'utilité de la prohibition de vendre
hors du Bassin les huîtres de moins de cinq centimètres,
pour éviter la dépopulation. Cette mesure a certainement
contribué au repeuplement. Mais elle devait n'être que temporaire et cesser avec son objet. Elle constitue, en effet, une

grande gêne commerciale, parce qu'elle engendre une fâcheuse surproduction. Les mollusques ne croissent pas avec la même rapidité sur toutes les parties du Bassin, et il existe, à cet égard, des différences considérables. Si, dans les parcs privilégiés, les huîtres atteignent en peu de temps la dimension règlementaire, il en est d'autres où la croissance est excessivement lente ; et il faut plusieurs années, quelquefois trois ans, pour que les sujets arrivent à la taille de cinq centimètres et soient exportables. Même en certains endroits, la pousse s'arrête net : les huîtres sont dites « *boudeuses* », et elles demeurent en cet état tant qu'on ne les change pas de milieu. De là, encombrement, manque d'emplacement pour les récoltes suivantes, causes de pertes, mortalité, immobilisation des capitaux engagés. Aussi, en 1879, le Ministre de la Marine avait-il permis l'exportation des petites huîtres arcachonnaises, à titre d'essai. Mais la population se souleva et alla jusqu'à des voies de fait : on arrêta des trains chargés de petites huîtres, on pilla les wagons. La décision fut rapportée.

Une grande Commission, présidée par le Chef du Service de la Marine à Bordeaux, fut ensuite envoyée sur les lieux ; et, en présence du déchaînement des passions, se vit obligée, dans un but d'apaisement et non par conviction, de conclure à la continuation provisoire du statu quo, pour lequel s'était énergiquement prononcée une énorme majorité. Celle-ci était composée de la presque totalité des petits parqueurs, de beaucoup les plus nombreux, et, il faut le dire aussi, les moins scurpuleux, qui devaient se promettre, in petto, d'en prendre à leur aise à l'occasion avec le règlement dont ils réclamaient le maintien. Pour eux, la main-d'œuvre était peu de chose ; ils pouvaient, sans perte, vendre à bas prix, dans le Bassin, une bonne partie de leur naissain ; ils trouveraient bien moyen d'écouler le surplus à l'extérieur. Ce qui est certain, c'est qu'au mépris du règlement, on continua à offrir clandestinement du naissain d'Arcachon aux ostréiculteurs des autres régions. Aux petits parqueurs s'étaient joints quelques grands parqueurs du Bassin, demi-éleveurs qui possédaient des établissements où la pousse était rapide, où le roulement annuel de la vente était, par suite, assuré, et qui trouvaient commode, vu l'absence de concurrence extérieure, de se procurer à bon compte le naissain nécessaire.

Comme nous l'avons mentionné en traitant des conditions juridiques de l'ostréiculture privée, l'interdiction de l'exportation en dehors du Bassin d'Arcachon a été confirmée par les actes intervenus postérieurement, bien qu'il n'y eût plus aucune inquiétude à avoir sur le repeuplement huîtrier. Mais, à notre avis, un pareil régime ne saurait se prolonger sans de graves inconvénients. Le Bassin est aujourd'hui littéralement encombré ; on en est venu à y souhaiter de mauvaises récoltes, parce que les stocks de jeunes sujets s'accumulent et qu'on est obligé d'exporter à tout prix, dès qu'elles sont marchandes, les huîtres de dimension règlementaire pour faire la place aux petites.

Aussi, la crise dont se plaignent depuis quelques années tous les ostréiculteurs français sévit-elle à Arcachon avec une particulière intensité ; car, aux causes générales qui l'ont provoquée, il faut ajouter ici la restriction de la liberté commerciale. Là est surtout l'origine du mal dont souffrent les Arcachonnais, et c'est en vain qu'ils chercheront un remède, s'il n'est complété par le régime de la liberté.

Dans le mémoire présenté au Congrès International de 1898, le Commissaire de l'Inscription Maritime à Arcachon, en indiquant que la production a suivi constamment une marche ascendante, a inséré un diagramme qui montre que, de 1865 à 1897, les cours, dans son quartier, ont été presque généralement en raison inverse du chiffre des affaires. Au premier abord, l'abaissement des cours correspondant à l'augmentation de la production semblerait le simple effet d'une loi économique. Mais il faut considérer — et nous insistons sur ce point — que l'on ne se trouve pas, à Arcachon, dans des conditions économiques normales, précisément parce que l'interdiction de l'exportation des petites huîtres s'y traduit par une réduction considérable de la demande. C'est là un facteur très important dont il y a lieu de tenir grand compte dans les déductions à tirer du graphique de M. Pottier.

Nous reproduisons page 109 ce tracé, en faisant observer que le prix du millier d'huitres qu'il donne pour 1895 est sensiblement supérieur à celui qui ressort de la statistique officielle de la même année (10 fr. environ au lieu de 7 fr. 75), et qu'une légère reprise paraît s'accuser depuis 1896.

PRODUITS DE L'OSTRÉICULTURE EN FRANCS
Prix du Mille d'huîtres.
Produits de l'ostréiculture

PRODUITS DE L'OSTRÉICULTURE EN FRANCS

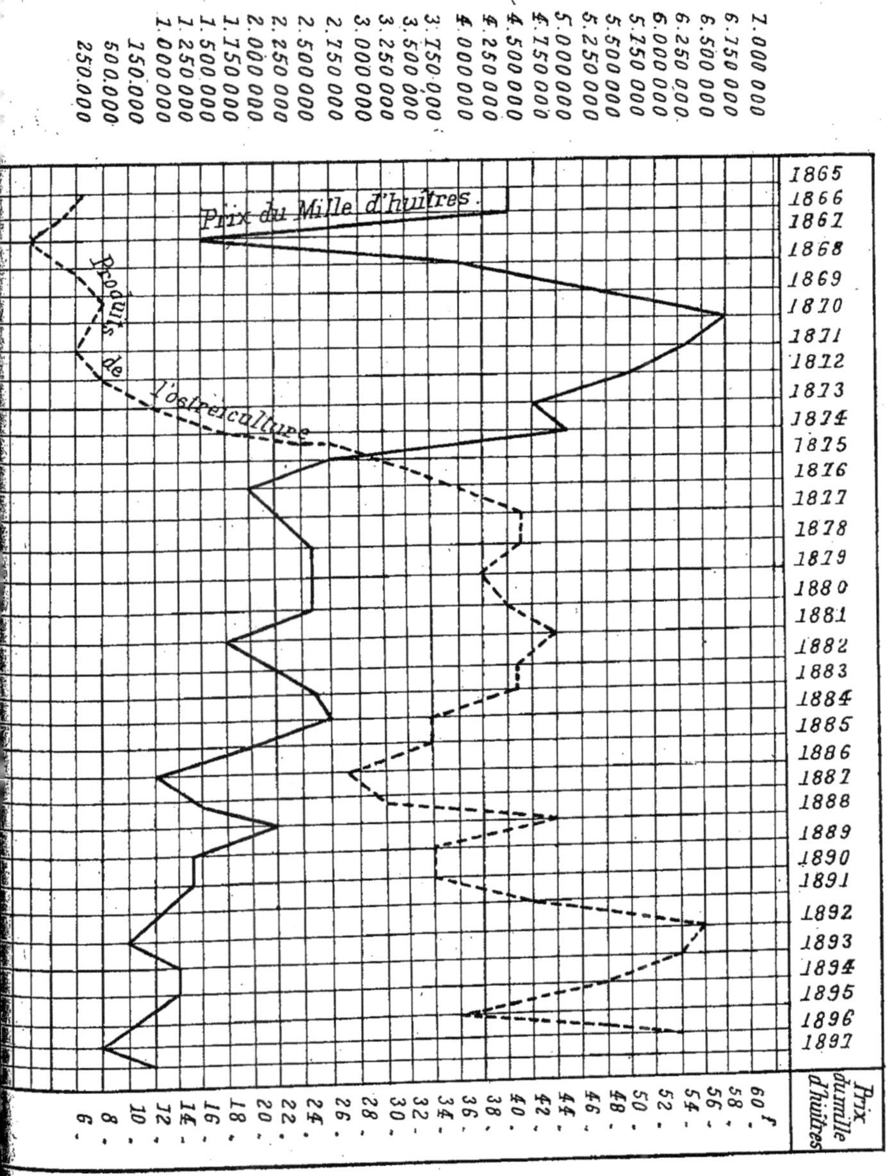

Si les premiers parqueurs qui ont suivi Coste ont trouvé dans le Bassin d'Arcachon une nature plus docile, s'ils n'ont pas eu à vaincre les mêmes difficultés que leurs confrères du Morbihan, ils n'en ont pas eu moins de mérite. On allait aussi dans l'inconnu ; tout était à créer, et la situation des foyers reproducteurs naturels était plus compromise qu'en Bretagne. Comme dans le Morbihan, la science persévérante vint au secours de l'industrie naissante. Un musée, un aquarium furent créés ; mêmes efforts, mêmes sacrifices, et hélas ! mêmes déboires financiers pour plusieurs des débutants, qui montrèrent la route, sans pouvoir eux-mêmes la poursuivre ! Comme dans le Morbihan également, les parqueurs songèrent à se grouper : un syndicat fut fondé pour la défense des intérêts de la région ; une banque ostréicole y fut même annexée. Cette double institution n'a eu qu'une durée éphémère. Mais l'idée du syndicat devra être reprise un jour.

Enfin, comme en Bretagne, nous trouvons toutes les classes de la société représentées dans la grande industrie arcachonnaise.

Malgré le malaise momentané dont elle est atteinte, elle continue à fonctionner avec activité. On vend plus péniblement, on vend moins cher ; mais, quoique le commerce soit en souffrance, il faut bien, en attendant des jours meilleurs, continuer à travailler et à utiliser cet admirable outillage. Aussi, la difficulté des transactions n'a-t-elle pas eu une répercussion trop sensible sur la main-d'œuvre. Les moins éprouvés dans le Bassin sont les ouvriers, qui, du reste, sont parfois en même temps de petits patrons parqueurs, et les ouvrières, dont le gracieux costume charme les regards de l'étranger.

3º MARENNES. — Les huîtres devaient être très abondantes dans cette région, si l'on en juge par les sujets fossiles, recouverts de naissain, que l'on trouve dans les alluvions des bords de la Seudre. Ces spécimens diffèrent, d'ailleurs, par leur forme, du mollusque contemporain. Ils sont très coffrés,

et leur profondeur égale presque leur diamètre. A l'époque
de la conquête romaine, la mer, entre la Charente et la
Gironde, occupait encore la plus grande partie de l'arrondissement actuel de Marennes. Parsemée d'îles, elle s'étendait
depuis celle d'Oléron jusqu'au *Promontorium Santonum.* Nul
doute que ce vaste espace fût garni de bancs naturels, et que
les insulaires élevassent, à proximité de leurs demeures, les
huîtres trop petites pour être immédiatement consommées,
ou l'excédent de leur pêche. Au fur et à mesure que les alluvions reliaient les îles entre elles, les gisements disparais-
saient ; il ne resta plus que ceux de la Seudre et des coureaux
d'Oléron. L'élevage devint alors plus nécessaire ; car, puisque
les richesses naturelles diminuaient, il fallait en créer d'arti-
ficielles. Il devint aussi plus facile, parce que les terrains
d'alluvion, très meubles, se prêtaient aisément au creusement
de bassins. A de simples dépôts taillés dans les rochers suc-
cédèrent donc les claires, dont les autres avantages ne tardèrent pas, d'ailleurs, à s'accuser.

Telle est, pensons-nous, l'origine de l'ostréiculture marennaise. Quoi qu'il en soit, elle est assurément fort ancienne.
Les huîtres de Marennes étaient, dit-on, portées à grands
frais jusqu'à la table des Césars, et le fait parait vraisem-
blable, car Ausone les chante en ces termes : « Entre toutes
» les espèces, je donnerais la première palme à celles que
» l'Océan Santonique baigne de ses flots ». Mais il est à supposer que c'était lorsque les Césars se trouvaient en Gaule ;
elles eussent difficilement supporté le voyage de Rome, et,
comme le mollusque ne se conserve pas dans la glace, elles
eussent assurément manqué de fraîcheur en arrivant.

Valin parle de cette industrie comme ayant existé de tout
temps. En indiquant que les écluses en pierres de l'Aunis
sont affectées à la fois à la pêche du poisson et à l'élevage
des huîtres, il ajoute : « Pour cet effet, on choisit de petites
» huîtres bien configurées, que l'on trouve sur les grèves de
» la mer, à peu de distance du rivage. Placées ensuite dans
» ces parcs ou écluses, au bout de deux à trois ans, ce sont

» des huîtres de bonne grandeur et épaisseur. Elles sont
» d'un goût exquis, qui ne le cède qu'aux huîtres vertes, éle-
» vées dans les claires ou mares. »

Dans un remarquable travail, publié en 1826, sur les marais salants et les marais gâts, ou doux, où se pratique l'élève du bétail, M. Le Terme, sous-préfet de Marennes, donne de très intéressants détails sur l'ostréiculture du pays qu'il administrait.

Déjà, à cette époque, l'appauvrissement des bancs des Coureaux et de la Seudre forçait les « *huîtriers* » à s'approvisionner, pour leurs claires, sur les côtes de la Bretagne et de la Manche. Les claires étaient alors au nombre d'environ cinq mille ; elles s'étendaient sur un longueur d'une dizaine de kilomètres et une largeur moyenne de cent cinquante mètres, de chaque côté de la Seudre, dont les bords de la rive droite avaient été, au siècle précédent, concédés au Maréchal, Duc de Richelieu. M. Le Terme fournit sur l'aménagement et le « *parage* » des claires, des indications qui sont encore d'actualité de nos jours ; il discute les théories qui avaient cours au sujet du verdissement ; il entre même dans des considérations sur la reproduction, mais sans y attacher d'importance économique ; il donne des conseils aux huitriers, qu'il engage à ne pas sacrifier la qualité à la quantité : la petite huître commune vaut de 8 à 40 sols le cent, tandis que l'huître verte, à laquelle son goût délicat de « *noisette* » a conquis une incontestable supériorité, se vend de 5 à 6 francs. Enfin, en émettant un vœu pour la réduction des prix de transport, il termine par des renseignements statistiques sur la campagne de 1825, dont nous ne résistons pas au désir de reproduire les principales données et qu'il est curieux, du reste, de rapprocher de celles de la statistique de 1895. La comparaison permettra de constater les progrès accomplis en 70 ans.

Donc, en 1825, le nombre des huîtres élevées en Seudre était évalué à vingt-deux millions au minimum et les bénéfices du commerce à 8 ou 900,000 fr. Le principal débouché était Bordeaux, alimenté surtout par La Tremblade, et dont l'approvisionnement nécessitait, trois fois par semaine, de septembre à mai, l'emploi de plus de 150 chevaux. Le bourg de l'Eguille livrait, à lui seul, de six à sept millions d'huîtres aux marchands, qui les colportaient dans tous les pays environnants. Les huîtres de la rive droite étaient plus appréciées à Paris, particulièrement celles des claires de Luzac ; mais le transport, payable d'avance, coûtait 10 fr. le cent, et ce coquillage de haut luxe revenait aux gourmets parisiens à près de quatre sols pièce.

Aujourd'hui, à cause des frais multiples dont elles sont grevées, les Parisiens paient encore fort cher les huîtres de Marennes, qui ne sont cependant pas celles dont le prix est le plus élevé. En 1895, les cours de la vente en gros aux Halles centrales ont varié, suivant la qualité, entre 14 fr. 28 et 4 fr. 21 le cent, soit une moyenne de 9 fr. 25, alors que la statistique de la même année fait ressortir la moyenne du prix de vente au profit des éleveurs marennais, à 2 fr. 88 seulement.

Il n'en serait pas de même, croyons-nous, si les parqueurs de Marennes avaient pu cesser d'être tributaires des centres de reproduction et de demi-élevage, et si le programme de Coste avait pu se réaliser. Il le formulait ainsi dans sa relation sur l'industrie de Marennes, au moment où l'amélioration des moyens de transport allait favoriser l'écoulement des produits :

« Chaque établissement, transformé en une véritable usine
» où l'action de l'homme crée toutes les conditions d'in-
» fluence et les varie à son gré, fera à la fois fonction de
» banc artificiel fournissant la semence et d'appareil de per-
» fectionnement pour la récolte ; en sorte que les huîtres
» verdies et devenues marchandes seraient remplacées,
» chaque année, dans les claires par leur progéniture, qu'on
» aura soin de recueillir et d'élever dans les lieux mêmes où
» elle a pris naissance ; donnant ainsi, par ce roulement
» indéfini, des produits sans cesse renouvelés. » — Ce pro-

gramme, hélas ! n'était qu'un beau rêve, comme nous l'avons vu. Mais la reproduction, impossible dans les claires, pouvait être obtenue dans les parcs ouverts de Marennes, comme elle l'a été à Auray et à Arcachon. En 1881, l'Administration de la Marine essaya de pousser les Marennais dans cette voie ; d'assez nombreuses concessions furent accordées dans les Coureaux d'Oléron, aux accores du banc de Charret. Un certain nombre de tuiles y furent déposées ; mais l'envahissement de cette huîtrière par les moules arrêta momentanément les tentatives, et, quand le Service de la Marine se fut rendu maître de l'invasion moulière, il se heurta aux habitudes prises, à la routine des intéressés, qui avaient, en attendant, utilisé leurs parcs de repruduction comme parcs d'élevage, et qui n'en changèrent pas la destination. Les Marennais devront reprendre ces essais et réussir, s'ils veulent s'affranchir de l'onéreux tribut qu'ils paient aux Bretons et aux Arcachonnais, s'ils veulent surtout ne plus demeurer dans la dépendance des centres de reproduction, à la merci desquels ils peuvent se trouver un jour.

A la vérité, ils s'y procurent à assez bon compte des huîtres de demi-élevage, c'est-à-dire des sujets qui ont passé la phase critique de leur existence et qu'ils n'ont plus qu'à perfectionner, sans grands risques de pertes. L'achat du coquillage adulte les dispense de l'outillage encombrant et coûteux nécessaire à la collection et à l'élevage du naissain. Ils font valoir, en outre, que les foyers reproducteurs de leur région n'offrent pas assez de sécurité pour qu'ils puissent compter sur des récoltes permanentes. Ces considérations sont exactes. Mais d'abord, en fabriquant eux-mêmes leur matière première, ils gagneraient le bénéfice prélevé par leurs fournisseurs actuels, sans compter l'économie des frais de transport ; et puis, les mauvaises récoltes peuvent avoir lieu partout. Qu'il en survienne à Arcachon ou à Auray, ou que, pour une cause quelconque, on y ait, dans l'avenir, des prétentions plus élevées (par exemple, si l'élevage complet venait à s'y généraliser), l'industrie marennaise se verrait entièrement arrêtée, puisqu'elle ne tire rien d'elle-même. Il y a là une situation qui donne à réfléchir.

Elle n'en est pas moins la plus florissante aujourd'hui, à cause de la qualité supérieure des produits. Le mollusque francais élevé à Marennes est présenté sous deux aspects sur les marchés : la Marenne blanche et la Marenne verte.

La première provient des viviers, qui sont des établissements à deux fins, car ils servent aussi à la première stabulation des huîtres destinées aux claires. Comme leur nom l'indique, les viviers sont installés dans des eaux vives, où les huîtres grandissent rapidement. Quand elles ont une belle dimension marchande, on les transporte dans les claires pour y achever leur engraissement et y prendre la teinte verte si appréciée en France. Elle n'y font généralement qu'un court séjour avant d'être expédiées — l'engraissement et le verdissement étant obtenus en très peu de temps, — et le mouvement des viviers aux claires est incessant. Il en était autrement à l'époque de M. Le Terme : les natives faisaient alors tout leur élevage en claires ; on les prenait toutes petites sur les bancs, « *grandes comme un écu de trois francs*, » (l'expression « *naissain* » n'avait pas encore cours). De nos jours, certains grands parqueurs possèdent quelques centaines d'huîtres complètement élevées dans les claires; elles ont une taille énorme, reviennent à un prix exorbitant et ne sont pas dans le commerce. Sous le titre « *d'huîtres d'amis* » ou « *d'huîtres de ministre* », on les réserve pour une exposition, pour un banquet, pour faciliter une importante opération commerciale, pour se rappeler au souvenir d'une connaissance plus ou moins influente.

Il ne nous paraît pas utile d'insister sur la description des viviers, qui se distinguent des dépôts par une enceinte en pierres. Les claires, creusées dans le sol, méritent un plus long examen, parce que, malgré une similitude d'appellation, elles n'ont pas d'analogues dans les autres centres ostréicoles.

Suivant leur situation par rapport à la Seudre, elles se

divisent en claires hautes et claires basses ; celles-ci verdissent les premières.

Les claires, dont la superficie est ordinairement de quelques ares, ne « *boivent* » qu'aux marées de nouvelles et pleines lunes. Elles sont entourées d'une digue ou levée, appelée « *chantier* », construite avec la terre provenant des déblais. Le chantier, muni d'une écluse pour le réglage de l'entrée et de la sortie des eaux, a un mètre de hauteur et sa largeur permet une circulation facile pour les besoins de l'exploitation. La claire affecte la forme dite « *en dos d'âne* » et son pourtour intérieur est constitué par un fossé d'un mètre de large sur trente centimètres de profondeur, nommé « *doue* » ou « *contrache*. » Cette doue reçoit la vase qui est apportée par le flot et qui s'écoule du plateau de la claire, grâce à la disposition légèrement convexe de celui-ci. Elle entretient la fraîcheur des eaux ; enfin, elle est utilisée pour le « *parage* » des claires, dont elle facilite l'égouttement.

Le parage, qui commence ordinairement au mois de mars, comporte deux opérations successives : le « *grâlage* » et la « *mise en humeur* ». On « *coupe* » les claires, en supprimant la prise d'eau, et on les laisse à sec. Sous l'influence du soleil, le sol se fendille, se « *grâle* » et se purifie par évaporation. Cette première partie du travail dure de six semaines à deux mois. Lorsque la surface de la claire forme une couche parfaitement desséchée, on procède à la « *mise en humeur* », qui exige une quinzaine de jours. A cet effet, on fait pénétrer dans la claire une petite quantité d'eau et l'on rétablit la retenue.

Une sorte d'effervescence se produit ; la croûte superficielle se délite et une croûte crémeuse et blanchâtre, appelée « *humeur* », se dépose uniformément sur la claire. Au mois de juin, lorsque le jeu normal de la prise d'eau fonctionne à nouveau, on peut garnir d'huîtres les claires, qui ne tardent pas à commencer à verdir. Sans « *parage* » en temps utile, il n'y a pas de verdissement, et, quand le phénomène ne s'est pas accusé de septembre à novembre, il n'y a plus chance de le voir se manifester jusqu'à l'année suivante.

Le parage doit donc être annuel ; mais il ne suffit pas ; car, au bout de trois ou quatre ans, le sol de la claire finit par s'exhausser, et il est indispensable de la « *piquer* ». Le « *piquage* », ou le « *demi-piquage* », selon les besoins, s'effectue avec une pelle nommée « *ferrée* ». Pour obtenir le demi-piquage, on n'enfonce dans la terre que la moitié du fer de la pelle. Les déblais servent à la réparation ou à la consolidation du « *chantier* ». On a soin de laisser subsister, entre chaque coup de ferrée, de petites mottes (*canards*), qui serviront plus tard à la « *mise en humeur* ». La précaution est essentielle, parce que les « *canards* » conservent les germes végétaux nécessaires au verdissement.

Nous n'entreprendrons pas une dissertation sur les causes du verdissement, au sujet desquelles les savants ont longuement discuté. Nous nous bornerons à constater que, s'il est ailleurs accidentel et involontaire, il est, à Marennes, périodique et provoqué par le « *parage* » des claires, qui favorise le développement des petites algues auxquelles il est dû. Les expériences concluantes faites, il y a une vingtaine d'années, par M. Puységur, Commissaire de l'Inscription Maritime au Croisic, de concert avec le Dr Bornet, ont péremptoirement démontré que le verdissement devait être attribué à une diatomée, aux nombreuses frustules en fuseaux, qui est une variété de la « *navicula fusiformis* », et que le botaniste autrichien Grunow, à l'examen duquel elle avait été soumise, baptisa du nom de « *navicula ostrearia* ». Le parage n'est donc, en réalité, qu'un mode de culture pour les diatomées, plus communes à Marennes que sur les autres parties du littoral ; et l'on doit considérer les claires comme des prairies où l'on met le bétail au pacage. Dans ces champs de diatomées, l'huître trouve, en outre, en abondance la nourriture animale qui lui est nécessaire.

Cependant, pour que les huîtres prospèrent dans les claires, il faut qu'elles y soient espacées. Il ne faut pas, si l'on veut de beaux produits, que leur nombre excède quatre par mètre carré. Encore cette proportion est-elle trop forte pour obtenir des huîtres de la qualité dite « *extra* ».

Depuis M. Le Terme, l'industrie a pris un développement considérable. Les claires occupent aujourd'hui les bords de la Seudre sur toute sa longueur maritime, soit plus de quarante kilomètres, et, dans l'intérieur, elles s'étendent jusqu'où l'eau de la mer peut pénétrer. On y a affecté un grand nombre de marais salants et de terrains privés, désignés dans le pays sous les noms de « *sartières* » et de « *prés misottes* ». Il en est de même sur les rives des chenaux affluant directement à la mer (chenal de Mérignac, chenal d'Hiers-Brouage).

L'exploitation marennaise est complétée par des bassins d'expédition ou « *dégorgeoirs* ». Ce sont des réservoirs dallés, cimentés, ou recouverts de gravier, dans lesquels l'huître se purifie en se débarrassant des impuretés qui pourraient la déprécier sur les marchés et où on l'habitue progressivement à se passer d'eau pendant un certain temps, afin de lui permettre de supporter aisément le dernier voyage. A ces bassins, dont le jeu est réglé de la façon la plus rationnelle, sont annexés des abris pour le matériel d'expédition et des ateliers d'emballage. Quelquefois l'atelier est superposé aux bassins, qui forment ainsi une cave, où les huîtres, protégées contre les gelées, sont à l'abri des rigueurs d'un hiver excessif.

Le mollusque indigène n'est pas le seul qui soit cultivé dans le Quartier de Marennes. La région se trouve dans la zone d'envahissement des portugaises, qui, en dépossédant l'huître française, « *l'huître plate,* » suivant l'expression du pays, de ses stations naturelles du fond de la Seudre et en occupant la partie supérieure des bouchots à moules des Coureaux d'Oléron, a toutefois respecté les gisements ostréifères des mêmes Coureaux. Sur les deux rives de la Seudre affluent de nombreux cours d'eau, soumis, comme elle, à l'action régulière des marées, et désignés, suivant leur importance, sous le nom de « *chenaux* » ou de « *ruissons.* » C'est là que se pratique principalement l'élevage des portugaises,

dans des parcs ouverts appelés « *dépôts* » et dont la description ne mérite aucun détail. Si, pour les petits parqueurs,
qui détiennent presque exclusivement les dépôts, cette industrie est rémunératrice, parce qu'ils se bornent à y entreposer
les huîtres qu'ils ont ramassées un peu de tous les côtés ou
qu'ils se sont procurées à vil prix, il n'en est pas toutefois
ainsi pour le grand parqueur, quand il est obligé, pour satis-
faire sa clientèle, d'élever des portugaises sur des terrains
qu'il consacrerait avec plus de fruit à l'élevage des huîtres
plates. Plusieurs traités, notamment avec les négociants
parisiens, stipulent, en effet, que la fourniture comprendra
une certaine proportion de portugaises, et il peut arriver que
le vendeur soit en perte sur cette partie de la livraison, parce
qu'il n'a pas toujours la ressource d'acheter des huîtres portugaises aux petits parqueurs, lesquels trouvent plus avan-
tageux de les débiter directement sur les marchés de la
région.

Le commerce des huîtres est tellement ancien à Marennes
qu'il y est parfaitement organisé et régularisé. Moins qu'ailleurs, il est sujet aux aléas, aux mécomptes et aux crises.
Chacun y a sa clientèle, et, lorsqu'elle ne vient pas, on va la
trouver. Ce pays, que son extrême propreté pourrait faire
appeler la Hollande française, respire l'aisance. Quand on
voit s'élever une coquette maisonnette, on ne manque pas de
dire : « C'est encore un parqueur qui fait bâtir. » Les grands
éleveurs, dont les ouvriers touchent des salaires rémunérateurs (2 à 4 francs par marée), et qui mettent eux-mêmes la
main à la pâte, n'exercent généralement pas d'autre profession que celle d'ostréiculteur ; presque tous expédient, bien
qu'il existe des industriels qui ne soient guère qu'expéditeurs.

Les petits parqueurs ont, au contraire, la plupart du
temps, plusieurs cordes à leur arc ; ils sont pêcheurs, sau-
niers, cultivateurs ; mais, s'ils se différencient par leurs mé-
tiers, tous sont également sobres, économes et entendus.
Ceux de la rive gauche de la Seudre en particulier envoient
leurs femmes ou leurs filles vendre au loin les produits de

leurs établissements. Pour la circonstance, elles modifient leur costume et se coiffent de l'élégant foulard bordelais ; ainsi transformées, elles s'installent comme écaillères à la porte des restaurants et des hôtels des grandes villes, et elles ne manquent pas, pour faire valoir leur marchandise, de présenter sur la coquille supérieure les huîtres ouvertes à titre d'échantillon ; ce qui les fait paraître plus belles.

Toute la famille travaille dans les parcs, et les femmes, pour plus de commodité, revêtent la culotte et chaussent les bottes. A la basse-mer, c'est un véritable fourmillement, et le spectacle du Rocher d'Aire est spécialement curieux. Sur ce rocher, sont de nombreux viviers, séparés par de petits murs, avec des chemins d'exploitation. Les détenteurs sont associés en syndicat pour le service de la surveillance et pour les dépenses d'intérêt général (entretien des enceintes et des chemins, etc.). Ils se réunissent, sous la présidence du Commissaire de l'Inscription Maritime, pour le vote de leur budget et l'apurement de leurs comptes.

Comme à Auray et à Arcachon, le Département de la Marine a fait dresser le cadastre ostréicole du Quartier de Marennes.

4° CANCALE. — L'originalité de Cancale est de n'en point avoir. Ici, l'ostréiculture est réduite à sa plus simple expression. Point d'outillage spécial, aucune préparation préalable du sol ; seulement un clayonnage pour retenir les huîtres. Les procédés sont aussi rudimentaires que possible ; ce qui ne les empêche pas de donner des produits très estimés. Les huîtres de Cancale se vendent même plus cher à Paris que celles de Marennes. Le cours du gros aux Halles Centrales a oscillé, en 1895, entre 10 fr. 73 et 17 fr. 39 le cent, bien que la statistique ostréicole de la même année ne fasse ressortir le prix moyen de la vente initiale qu'à 2 fr. 20, c'est-à-dire à un chiffre inférieur de 0 fr. 68 à celui de Marennes.

Il est à supposer que l'origine de la culture huîtrière a été, à Cancale, la même qu'à Marennes. Les premiers pêcheurs ont dû déposer sur la grève et y élever l'excédent de leur pêche sur les bancs de la Baie. Mais la création de l'industrie cancalaise, quoique vraisemblablement très ancienne, a été postérieure de plusieurs centaines d'années à celle de l'ostréiculture marennaise. Un phénomène inverse s'est, en effet, produit dans les deux régions : alors que « *l'Océan Santonique* » se comblait en partie, ne laissant plus subsister que les coureaux, et que les gisements huîtriers étaient enterrés sous une couche d'alluvion, les terres qui reliaient le continent aux îles normandes étaient, au contraire, submergées et les huîtres prenaient possession de ce nouveau domaine maritime. Si la submersion ne s'accusa pas brusquement au commencement du VIIIᵉ siècle, comme le rapporte la tradition, on s'accorde toutefois généralement à en faire remonter le début au « *cataclysme de 709* », qui rompit la barrière opposée aux flots par les rochers de Chausey, et c'est seulement à partir de cette époque que put commencer la formation des bancs d'huîtres qui s'étendent aujourd'hui entre l'archipel des Chausey et la côte.

Les essais modernes de reproduction sur pierres schisteuses et fascines, ou d'élevage de naissain importé, n'ont pas donné de résultats satisfaisants, sans doute parce qu'on ne s'est pas suffisamment précautionné contre l'action de la mer, qui bat la côte où se pratique l'ostréiculture cancalaise. Il n'y a pas, en effet, pour ainsi dire, d'eaux intérieures pouvant servir d'abri aux tout jeunes sujets. Mais on a vaincu ailleurs d'autres difficultés, et l'on peut venir à bout de celle-ci.

On se borne donc presque exclusivement à élever les huîtres provenant de la pêche des gisements naturels de la baie, à savoir : les sujets de moins de cinq centimètres, dont la vente est interdite, et les huîtres règlementaires, dites « *de rebinage.* » Les marchands n'achètent pas aux pêcheurs les huîtres inférieures à sept centimètres. Après l'exploitation des bancs publics, il est procédé au triage sur la grève ou « *talard* », et le « *rebinage* » qui reste pour compte aux pêcheurs est élevé par eux. Quant aux marchands, ils élèvent aussi, avec les produits de la pêche qu'ils n'ont pu livrer immédiatement à la consommation, des huîtres d'autres pays, quand ils y trouvent leur avantage.

Les établissements se divisent en deux catégories : les « *étalages* », situés à la laisse de basse-mer, qui sont affectés à l'élevage, et les « *parcs* » qui, placés plus haut sur la grève, jouent à peu près, sans avoir la même forme, le rôle des « *bassins d'expédition* » de Marennes. Les parcs de Cancale se subdivisent eux-mêmes en deux classes : les parcs proprement dits, qui sont clayonnés, et les « *petits parcs de lavage* », qui sont creusés dans le sol, à une faible profondeur.

Les huîtres déposées dans les étalages étant de première qualité et y trouvant toutes les conditions favorables à leur développement, il n'y a guère d'autres soins à leur donner que de les remettre en place lorsqu'elles ont été amoncelées ou dispersées par un trop violent courant. L'opération doit être faite aussi fréquemment que le permet la marée.

Il n'y a également à Cancale que deux catégories d'ostréiculteurs : les « *pêcheurs,* » qui forment la grande majorité des étalagistes, et les « *marchands,* » qui détiennent presque tous les parcs et sont à peu près les seuls acheteurs des pêcheurs.

Nous avons déjà signalé, en traitant de l'exploitation des bancs publics, l'antagonisme entre pêcheurs et marchands. Il se reproduit ici. Les premiers reprochent aux seconds d'importer dans leurs étalages des huîtres de Granville et même d'Arcachon ou du Morbihan ; ce qui nuit à l'écoulement des produits du pays élevés par les pêcheurs. Il y a là une situation économique assez bizarre : le pêcheur cherche à vider son établissement avant l'ouverture de la caravane ; s'il n'a pu y réussir, la Communauté demande, comme en 1899, que la caravane soit retardée ; et, dès que son établissement est de nouveau garni, dès que, par ailleurs, les marchands arrêtent leurs achats, le pêcheur fait cesser la caravane. Cette situation anormale, qui tient au défaut d'éducation économique des pêcheurs, comporterait un triple remède :

l'augmentation des champs de culture huîtrière, puisque leur superficie est actuellement insuffisante, même avec une caravane restreinte ; l'abaissement des prix de vente pour concurrencer, auprès des marchands, les huîtres de l'extérieur ; l'accroissement des débouchés par la vente directe aux consommateurs d'une partie des produits élevés, comme la font pratiquer les parqueurs de la Tremblade et des autres points ostréicoles des bords de la Seudre. Nous croyons que les emplacements ne feraient pas défaut ; que, diminués, les prix de vente seraient encore rémunérateurs pour les pêcheurs, qui n'ont, pour ainsi dire, aucune mise de fonds à leur charge ; enfin, que le troisième procédé indiqué constituerait, en même temps, une œuvre humanitaire. Le Quartier de Cancale est, en effet, des plus éprouvés par les sinistres de Terre-Neuve. Il y existe beaucoup de veuves, sans ressources, qu'on pourrait et qu'on devrait employer à la vente dans les villes de l'intérieur. Elles y trouveraient un gagne-pain assuré. Espérons que les parqueurs-pêcheurs de Cancale entreront dans cette voie. S'ils s'entendaient, ils pourraient aller au-delà et faire eux-mêmes leurs expéditions en gros aux marchés les plus importants.

Au reste, malgré leur manque d'initiative et leurs doléances, il faudrait se garder de les plaindre outre mesure. Etant données les conditions faciles dans lesquelles ils font de l'ostréiculture, on doit les ranger parmi ceux des parqueurs français qui sont le plus favorisés, et ce n'est pas chez eux qu'on trouve la misère ou la gêne. Ils sont, du reste, travailleurs.

L'Etat a encore facilité l'industrie cancalaise par une institution dont nous dirons quelques mots, parce qu'elle a servi de guide aux associations qui se sont créées ensuite sur d'autres points du littoral, comme celle du Rocher-d'Aire.

Le décret du 4 juillet 1853 a organisé, pour les détenteurs des étalages de Cancale, une caisse dite « *des étalagistes* », alimentée par les cotisations des intéressés et destinée à subvenir aux dépenses communes (salaires des Gardes-jurés des étalages, et achat de bottes de mer pour ces agents ; réparation et entretien des chemins de service, des bouées délimitatives, et généralement travaux entrepris dans l'intérêt de l'amélioration des étalages). Les Gardes-jurés des étalages sont élus, pour un an, comme les Gardes-jurés des pêches, par la « *communauté des pêcheurs* », commissionnés par le Chef du Service de la Marine à Saint-Servan et assermentés devant le Tribunal de première instance de Saint-Malo. Ils sont rééligibles. Le Commissaire de l'Inscription Maritime de Cancale est l'ordonnateur des recettes et des dépenses de la Caisse, dont les comptes sont examinés annuellement par une Commission locale présidée par le chef du Quartier et soumis à l'approbation du Chef du Service de la Marine à Saint-Servan. Cette caisse est dans une situation prospère.

Par décision du 3 octobre 1884, le Ministre de la Marine a approuvé une association analogue pour les concessionnaires des « *parcs* » de Cancale. La seule différence essentielle est celle de la composition du collège électoral : les « *gardes-jurés des parcs* » sont élus par l'assemblée des détenteurs de ces établissements, c'est-à-dire par les seuls intéressés des deux sexes, et non, comme les « *gardes-jurés des étalages* », par la communauté générale des pêcheurs. Il est vrai que tous les patrons qui composent la communauté des pêcheurs sont en même temps étalagistes.

On doit se demander quel est le contingent relatif des huîtres comestibles fournies à la consommation par les quatre centres typiques dont nous venons d'essayer la description. Le renseignement est donné, en ce qui concerne la place de Paris, par M. le Commissaire de la Marine Pottier, dans une très intéressante communication au Congrès International des Pêches Maritimes réuni à Dieppe, en septembre 1898. En un tableau synoptique, que nous reproduisons, M. Pottier indique la proportion des arrivages de diverses provenances à la Halle de Paris ; il complète cette information par le prix de la vente en gros pour l'année 1895, à laquelle se rapporte notre statistique, et pour l'année suivante :

PROVENANCE	Proportion des arrivages des diverses provenances	PRIX DU CENT			
		1895		1896	
		Maximum	Minimum	Maximum	Minimum
Arcachon ...	1 %	5 fr. 43	2 fr. 44	5 fr. 25	2 fr. 47
Marennes...	22 %	14 28	4 21	13 95	3 83
Armoricaines		16 »	6 25	10 96	6 46
Cancale.....	1 %	17 39	10 73	15 46	8 44
Courseulles .		16 18	10 44	18 »	14 »

Paris ne consomme donc que 24 % d'huîtres indigènes.
Le surplus, soit 76 %, est représenté par les huîtres portugaises, qui se sont vendues aux Halles de 2 fr. 55 à 4 fr. 75,
en 1895, et de 2 fr. 20 à 4 fr. 49, en 1896. Quelques-uns des
sujets portugais apportés à Paris proviennent directement
de la pêche publique; mais la plus grande partie est expédiée
des centres d'élevage mentionnés dans la statistique de 1895,
laquelle fait ressortir seulement à 0 fr. 80 le cent la moyenne
des prix de vente par les expéditeurs.

Les établissements de stabulation de la portugaise ne comportent, d'ailleurs, aucune description particulière. Ce que
nous en avons dit en parlant de l'industrie marennaise suffit
largement.

L'ostréiculture française, principalement dans les pays de
production et de demi-élevage, se plaint d'une crise prolon-
gée, que nous serions tenté de regarder plutôt comme une
évolution; parce que les progrès économiques n'ont pas suivi
la même marche ascendante que les progrès industriels. Il
faut aujourd'hui les mettre à l'unisson.

Si nous jetons un coup d'œil d'ensemble sur le passé, nous
voyons les premiers producteurs n'atteindre les résultats
poursuivis qu'au prix d'énormes sacrifices, et même de la

ruine de plusieurs d'entre eux. C'est la période d'invention, autrement grave que la phase actuelle; c'est la période la plus difficile, celle de l'éternel « *sic vos, non vobis* ».

Puis, quand le succès est enfin obtenu, les éleveurs, certains que la matière première, en dépit de l'appauvrissement des bancs naturels, ne leur fera plus défaut, augmentent leurs exploitations et leur commerce; ils s'approvisionnent largement chez les producteurs, et, comme les produits ne sont pas encore très abondants, la vente est rémunératrice pour le producteur, qui entrevoit un meilleur avenir. L'éleveur, dont les affaires s'élargissent, abaisse légèrement ses prix, et la consommation reprend. C'est la période d'éclat, ou plutôt d'espérance, celle que l'on prend de nos jours comme terme de comparaison, pour accuser la crise. Enfin, la production devient relativement si considérable qu'elle dépasse les besoins de l'élevage et qu'elle amène l'avilissement des prix pour le producteur, sans que l'éleveur, à causes des charges qui pèsent sur lui, ait, du reste, abaissé de nouveau les siens. En sorte que la consommation se ralentit. C'est la période actuelle de crise. Tels sont, dégagés des questions de détail, la genèse et le résumé général d'une situation qui, pour pénible qu'elle soit, n'est heureusement pas irrémédiable.

Au Congrès international des Pêches Maritimes réuni aux Sables-d'Olonne en 1896, M. Godefroy, ostréiculteur à la Trinité-sur-Mer, M. le Dr Roché et M. le Commissaire Pottier se sont faits les éloquents interprètes des doléances des parqueurs et ont proposé des vœux qui, adoptés à l'unanimité, ont été, sous une forme plus condensée, renouvelés au Congrès de Dieppe, tenu en 1898 (1).

Les desiderata signalés peuvent se grouper ainsi, en suivant l'ordre dans lequel ils ont été présentés :

---

(1) Un nouveau Congrès a eu lieu récemment à Biarritz, le compte-rendu des séances n'est pas encore publié.

1° Constitution d'un Syndicat.

2° Modération des redevances.

3° Diminution des frais de transport.

4° Réduction des droits d'octroi.

5° Suppression des intermédiaires, dans la limite du possible.

6° Création de nouveaux débouchés.

7° Organisation d'un crédit ostréicole.

De ces desiderata, les uns ne sont réalisables que par les pouvoirs publics, les autres dépendent de la volonté des intéressés, et ce ne sont peut-être pas ceux auxquels il est le plus aisé de donner satisfaction ; parce que les premiers n'exigent qu'un acte d'autorité, tandis que les seconds sont subordonnés à un accord préalable. Nous allons les passer en revue.

1° La conception exposée par M. Godefroy en 1896 est très séduisante. Il voudrait que chaque centre possédât un Syndicat, à l'imitation de la *Société ostréicole du Bassin d'Auray*, grâce à laquelle, dit-il, avec une louable exagération, « le Bassin d'Auray est connu dans le monde entier. » Chacun de ces Syndicats choisirait un ou deux délégués, pour former « l'Union des Syndicats, ou le Syndicat suprême », qui s'occuperait avec compétence et autorité des intérêts généraux, sans enchaîner les libertés individuelles. L'idée a été reprise par M. Pottier aux assises aquicoles de 1898.

Elle mériterait assurément d'aboutir, et tous les efforts devraient tendre à ce résultat. Mais, malheureusement, il paraît encore lointain, à cause des rivalités locales, de l'antagonisme des intérêts de région à région, et aussi de l'inertie de la masse des ostréiculteurs, qui, selon l'usage commun, récriminent plus qu'ils n'agissent. En attendant, ce sont les Congrès annuels qui jouent, dans la limite du possible, le rôle du « *Syndicat suprême* ». Les Expositions universelles ont aussi une importance, dont les parqueurs ne se rendent toujours pas un compte suffisant. Nous avons enregistré la bienfaisante influence de celle de 1878 sur le développement du commerce ostréicole. Espérons que la grande exhibition qui se prépare marquera encore un pas en avant dans la voie du progrès, et, qu'avec le siècle dont nous entrevoyons déjà l'aurore, s'ouvrira, pour l'industrie qui nous occupe, l'ère du complet épanouissement.

2° Nous avons déjà dit notre sentiment sur la question des redevances. Ce n'est pas une simple réduction que nous estimons nécessaire, c'est une entière abolition, au moins jusqu'à ce que l'ostréiculture ait vu luire l'ère nouvelle dont nous souhaitons l'avènement.

3° Elle supporte tant de charges qu'elle succombe sous leur poids. M. Pottier a donné à ce sujet des renseignements très suggestifs, en reproduisant deux bulletins de vente aux Halles de Paris. En voici la transcription :

PREMIER BULLETIN

Produit brut...... 276 fr. »

Port, camionnage	19 fr.	80
Octroi	20	25
Factorat, frais de ville	7	05
Représentation	13	80
Timbre	0	15
Dépêche	0	50
Divers	0	15

Frais généraux   61 fr. 70

Reste net à l'expéditeur........ 214 fr. 30

DEUXIÈME BULLETIN

Prodruit brut...... 327 fr. »

Port, camionnage	20 fr.	85
Octroi	52	»
Factorat, frais de ville	8	10
Représentation	18	35
Timbre	0	15
Dépêche	0	50
Divers	0	10

Frais généraux   100 fr. 05

Reste net à l'expéditeur........ 226 fr. 95

On voit, d'après ces tableaux, que les frais de transport par terre sont excessifs et que la révision des tarifs s'impose. Qu'il s'agisse d'expéditions en gros, le port et le camionnage absorbent les bénéfices dans une notable proportion. Nous sommes convaincu que les Compagnies elles-mêmes trouveraient leur compte dans un abaissement des tarifs, qui, coïncidant avec la diminution des autres charges, provoquerait assurément la recrudescence des affaires. Pour les expéditions en détail, la création récente des colis-postaux de dix kilogrammes a constitué une très sensible amélioration. Mais elle n'est pas suffisante, parce que le poids du cent de belles huîtres dépasse dix kilogrammes. Il faudrait pour le coquillage, qui, à la différence du poisson, voyage avec un « *poids mort* » considérable, arriver au colis-postal de quinze et même de vingt kilogrammes. Encore, les grosses huîtres portugaises, qui sont fort lourdes, n'en profiteraient-elles pas ; il est vrai que les portugaises ne sont guère expédiées qu'en gros.

4° La charge de l'octroi n'est pas moins écrasante que celle du transport pour l'ostréiculteur. Un exemple cité par M. Pottier indique la mesure dans laquelle elle peut faire obstacle à la consommation : la ville de Sedan ayant abaissé ses tarifs, la consommation des huîtres y a plus que triplé dès la première année. Presque partout, les huîtres, même les portugaises, sont traitées comme un aliment de luxe, ainsi qu'on en peut juger par le relevé suivant, que nous extrayons du travail de M. Pottier.

————◦◊◦————

VILLES	ESPÈCE DES UNITÉS	DROITS D'OCTROI					
		Huitres Françaises				HUITRES Portugaises	
		VERTES		BLANCHES			
Paris	100 kilos	18 fr.	»	18 fr.	»	6 fr.	»
Bordeaux.....	do	8	»	3		3	»
Toulouse.....	do	10	»	10		10	»
Agen	do	8	40	5	40	5	40
Libourne.....	do	7	»	5	»	2	50
Montpellier...	do	11	»	11	»	11	»
Blois.........	do	10	»	10	»	»	»
Limoges......	do	20	»	20	»	10	»
Nîmes........	do	13	»	13	»	13	»
Perpignan	do	2	50	2	50	2	50
Narbonne	do	15	»	15	»	15	»
Nancy........	do	15	»	15	»	15	»
Pau..........	do	15	»	8	»	8	»
Lyon.........	do	25	»	25	»	25	»
Nice	do	15	»	15	»	15	»
Marseille	do	20	»	20	»	20	»
Rodez........	le mille	6	»	6	»	6	»
Dijon.........	do	20	»	20	»	20	»
Cette.........	do	14	»	14	»	14	»
Le Mans......	do	10	»	10	»	10	»

La question n'a sans doute qu'un intérêt d'actualité, puisque les octrois sont destinés à disparaître. Mais la situation peut se prolonger, et il importe de l'améliorer dès à présent, en remaniant des tarifs qui, au fond, sont aussi nuisibles aux villes elles-mêmes qu'à l'industrie huîtrière.

5° Entre le producteur et l'éleveur, et surtout entre l'éleveur et le consommateur, existent des intermédiaires, qui prélèvent une forte commission et n'offrent pas les mêmes garanties que le facteur des halles. En dehors des expéditions aux Halles de Paris, l'ostréiculture devrait donc chercher à s'affranchir du tribut onéreux qu'elle paie aux intermédiaires et des pertes auxquelles l'expose leur intervention, en poursuivant le rapprochement direct du producteur et de l'éle-

veur, de l'éleveur et du consommateur. Nous examinerons
sous les numéros suivants les moyens d'arriver à un résultat
si désirable.

6° M. le Dr Roché a soumis au Congrès des Sables-d'Olonne
un ingénieux diagramme, qui fait ressortir, pour les années
1874 à 1894, les surfaces cultivées, leurs rendements en
nature et leurs rendements en argent. Il résulte de ce graphique que, jusqu'en 1888, la surface cultivée a augmenté
progressivement et que, depuis cette époque, elle est en voie
de diminution, alors que le rendement en nature n'a pas
cessé de croître, sans que le rendement en valeur ait
augmenté proportionnellement. Comparée à l'année 1877,
qui fut, il est vrai, exceptionnellement bonne, l'année 1894
accuse, par hectare, un rendement en nature supérieur de
32 %, correspondant à une diminution de 8 % en valeur. La
même année, comparée à la plus mauvaise (1886), donne une
augmentation de 72 % pour les produits obtenus, et de 32 %
seulement pour le rendement en argent.

Ces chiffres, comme l'auteur le fait lui-même remarquer
dans son traité de *La culture des mers en Europe*, publié
en 1898, n'ont pas toute la portée qu'on serait tenté de leur
attribuer tout d'abord ; parce qu'ils s'appliquent aux huîtres
portugaises aussi bien qu'aux huîtres indigènes, et que,
durant la période envisagée, la culture de la gryphée a pris
un développement considérable. Comme celle-ci peut être
sans inconvénient entassée dans les parcs et que, par
ailleurs, son prix est inférieur, les déductions tirées des
données statistiques ci-dessus se trouvent un peu faussées.

Elles n'en comportent pas moins une indication générale,
que M. Roché traduit ainsi : « Les parqueurs, recueillant une
» rémunération toujours décroissante de leurs travaux, veu-
» lent produire tous les ans plus de mollusques, espérant
» récupérer par leur quantité ce que leur faible valeur leur fait
» perdre sur les gains des années passées, et bien que la trop
» grande fabrication à l'hectare ait l'inconvénient de fournir

» des produits de moins belle qualité. » — Ils arrivent ainsi
« à faire produire à leurs concessions des quantités de mol-
» lusques disproportionnées avec les débouchés actuels de
» leur industrie, » et telle est la cause de la mévente qui atteint
particulièrement les centres de production et de demi-élevage. « C'est, conclut l'ancien Inspecteur Général des Pêches
Maritimes, dans l'élargissement des débouchés des produits
» ostréicoles, la meilleure organisation de leur vente, et non
» dans la limitation de leur production, comme le préco-
» nisent certains parqueurs, qu'il faut chercher la solution
» de la crise de l'ostréiculture. »

Nous sommes absolument de cet avis. — Augmenter le
rendement à l'hectare par l'accumulation des huîtres sur une
surface insuffisante est anti-industriel, ainsi que nous l'avons
précédemment démontré. Réduire la récolte du naissain par
une sorte de malthusisme ostréicole est anti-économique. Il
faut, au contraire, produire le plus possible et s'attacher à
obtenir la qualité en même temps que la quantité ; rechercher, en conséquence, de nouveaux champs d'exploitation et
des méthodes moins dispendieuses pour arriver à la diminution des frais généraux.

Vendre du bon à bon marché est une condition nécessaire,
mais non suffisante. Il faut de plus savoir vendre, et c'est une
science qui fait encore défaut à beaucoup d'ostréiculteurs. En
général, ils attendent trop la clientèle, au lieu de l'aller
relancer, et, suivant l'expression maritime, ils ne sont pas
assez « débrouillards. » Ils ne connaissent guère la réclame ;
ils n'ont point de « voyageurs », point d'agences de renseignements.

Si le marché étranger se dérobe depuis quelques années,
tant pour l'élevage que pour la consommation, tout espoir
n'est pas perdu de ce côté. Mais c'est en France surtout que
l'ostréiculture doit trouver un débouché. Combien de villes
où le commerce des huîtres est encore nul ou insignifiant !
A Paris même, il est loin d'être ce qu'il devrait. Quelle différence avec les Etats-Unis, avec New-York en particulier, où

tout le monde mange des huîtres ! Sans doute, les produits de grands crûs, qui font notre supériorité sur l'Amérique, continueront à être réservés à la table du riche ; mais il faudrait que l'huître ordinaire fût accessible à toutes les bourses.

Le problème à résoudre par l'ostréiculture est donc la démocratisation d'un aliment aussi savoureux qu'hygiénique, et il n'est pas plus insoluble qu'aux Etats-Unis.

En ce qui concerne les huîtres portugaises, l'Amérique nous fournit précisément une utile indication. On en consomme à Paris, — nous l'avons enregistré, — trois fois plus que d'huîtres françaises ; mais elles y coûtent beaucoup trop cher, étant donnée leur valeur minime sur les lieux de production. Leur poids excessif les assujettit à des frais de transport exorbitants. De plus, elles n'ont point pénétré sur les autres marchés de l'intérieur, probablement à cause de leur goût peu agréable, auquel se sont pourtant habitués les Parisiens. Or, si la portugaise crue n'est pas un aliment délicat, elle est excellente cuite, et plus hygiénique encore, prétend-on, que l'huître indigène. Pourquoi n'essaierait-on pas d'économiser le prix du transport de ses coquilles en l'expédiant des centres de production sous forme de conserves ? Nous sommes persuadé que des usines installées sur le littoral réussiraient aussi bien que les « *fricasseries* », ou usines de conserves de sardines, et l'entreprise serait beaucoup moins dispendieuse, parce que la préparation des portugaises n'exigerait pas l'emploi de l'huile et que la recherche de la matière première ne comporterait ni les aléas, ni les dépenses de la pêche à la sardine. La difficulté au début consisterait à faire adopter ce nouveau mets. Qu'un industriel en fasse l'essai dans les bars de Paris ou des grandes villes, qu'il profite surtout de l'Exposition de 1900, et le succès couronnera certainement ses efforts ! L'expérience, en tous cas, ne serait pas ruineuse, et elle vaut la peine d'être tentée. Les résultats, s'ils étaient favorables comme nous le pensons, en seraient considérables.

7° Au risque de paraître arriéré, nous avouons n'avoir pas une semblable confiance dans l'institution d'un *Crédit ostréicole*, dont la nécessité, les avantages et même la possibilité ne nous semblent point démontrés. Les grands parqueurs, et les marchands notamment, ont déjà des comptes-courants dans les établissements financiers et ne réclament pas d'autres facilités. Quant aux petits parqueurs, qui sont les plus nombreux, il serait imprudent de les engager dans la voie de l'emprunt, qui serait aussi contraire à leurs intérêts qu'à celui de l'ostréiculture. Lorsque la vente ne va pas, ils restreignent leurs dépenses personnelles et attendent la reprise des affaires en pratiquant les autres industries qu'ils exercent presque tous cumulativement avec l'industrie huîtrière. Comme ils ne sont pas dans la nécessité absolue de vendre à tout prix, ils restent leurs maîtres. Arrive une bonne année, qui les indemnise, ils oublient vite la gêne momentanée de la mauvaise saison passée. Pendant la période de stagnation, ils n'ont pas besoin d'argent pour leur exploitation, encombrée de produits, et celui qu'ils se procureraient par emprunt n'aurait pas d'emploi utile à cette exploitation. A l'époque de l'échéance, ils se verraient contraints de subir la loi des acheteurs pour rembourser le prêteur. Ils deviendraient la proie des spéculateurs, et, dès la première ou la seconde année, ils abandonneraient la partie, en même temps que leurs concessions. Ce serait un désastre pour l'industrie. On a cru apercevoir sous ce rapport une certaine analogie entre le cultivateur et l'ostréiculteur ; elle n'est qu'apparente. Le cultivateur, qui n'a pas d'autre profession, peut avoir à demander au crédit des ressources pour subsister pendant les moments difficiles, et pour continuer son exploitation ; il peut avoir intérêt à se procurer des fonds pour perfectionner son outillage. Il n'en est pas ainsi pour le petit parqueur. D'autre part, le gage maritime que celui-ci offrirait au prêteur (sur un sol dont la possession est, du reste, toujours révocable) et qui ne comporte jamais l'emmagasinage, présente plus d'aléas que le gage terrestre.

C'est donc à tort, selon nous, que des personnes bien intentionnées ont songé à faire doter les parqueurs d'une loi semblable à celle qui a été votée, le 31 mars 1898, par là Chambre des Députés, sur les warrants agricoles. Vu la moindre sécurité du warrant ostréicole, les conditions de l'emprunt seraient forcément plus onéreuses, et le gage aurait lui-même besoin d'être garanti par des assurances, dont les meilleures seraient des assurances mutuelles. Ces dernières amèneraient ensuite fatalement l'intervention de l'Etat, sous forme d'encouragements et de subventions. Or, l'Etat a assez de charges pour n'en pas provoquer de superflues. Il est, en tout cas, préférable que le parqueur s'assure à son profit, plutôt qu'à celui d'un établissement de crédit dont la nécessité est loin d'être prouvée.

Ce qu'il faut à l'ostréiculture, c'est moins du crédit que le moyen de s'en passer, et, pour cela, elle doit, comme nous l'avons indiqué, en supprimant les frais inutiles, en faisant elle-même ses affaires, élargir ses débouchés.

Que de places encore à occuper ! que de situations commerciales à conquérir ! Si une entente désirable venait à s'établir, les parqueurs pourraient être leurs propres représentants, leurs propres vendeurs, sur les marchés de consommation, aussi bien que sur les marchés d'élevage. Ceux qui sont impuissants à agir isolément formeraient des groupes dans chaque région, et, de l'union des intérêts communs, surgiraient des Sociétés coopératives de vente dans le genre de celles dont M. le Commissaire Général Roussin et le comte de Seilhac, membres du *Musée social*, poursuivent la création auprès des pêcheurs côtiers.

CHAPITRE III

Conditions sociales.

Déjà, en 1876, à la suite de sa première mission sur le littoral, M. Bouchon-Brandely évaluait à plus de 200,000 le nombre des personnes vivant de l'ostréiculture privée. Nous n'avons pas les moyens de contrôler ce chiffre, et, à défaut d'explications, nous supposons qu'il s'appliquait uniquement aux patrons et ouvriers ostréicoles, sans englober le personnel des industries accessoires (briquetiers, chaufourniers, marchands de bois, fabricants de caisses et de fil de fer galvanisé, transporteurs par terre et par eau, etc.). Le seul renseignement authentique que nous possédions sur cette époque est fourni par la statistique publiée la même année, pour 1875 : il y avait alors 23,134 établissements occupant, sur le domaine public et les propriétés particulières, une surface de 5,889 hectares, 98 ares, 19 centiares, et détenus par 22,889 concessionnaires, dont 7,548 inscrits maritimes ; ce qui, en adoptant le chiffre de M. Bouchon-Brandely, donnerait une moyenne d'une dizaine de personnes employées par établissement, y compris les détenteurs. Le nombre de ceux-ci n'est plus, depuis un certain temps, mentionné dans les statistiques de la Marine ; mais nous savons que celui des concessions a presque doublé en vingt ans, puisque la statistique de 1895 fait ressortir exactement un total de 43,374 établissements, s'étendant sur une superficie de 9,630 hectares, 24 ares, 21 centiares. D'où l'on doit inférer que, si le nombre des personnes vivant de l'ostréiculture ne s'est pas accru proportionnellement, il a, du moins, notablement augmenté.

Il est aujourd'hui considérable, et, bien que l'expression dont s'est servi M. Bouchon-Brandely soit trop absolue, parce que, comme nous l'avons expliqué, on ne vit pas toujours exclusivement de l'ostréiculture, on peut dire, d'une manière générale, que cette industrie a répandu l'aisance dans le monde des travailleurs de la mer, où l'ouvrier n'a ressenti que faiblement le contre-coup de la crise huîtrière. Le travail est, d'ailleurs, ordinairement facile et peu dangereux ; il n'exige pas, pour toutes ses opérations, une grande force musculaire. Aussi, les vieillards, les femmes et les enfants y prennent-ils part.

Si les esquisses que nous avons essayées ont réussi à

donner une idée de l'industrie ostréicole, on en peut former
un tableau d'ensemble, où l'on aperçoit, à côté des grands
parqueurs, qui se contentent de vendre leur récolte ou qui
vendent aussi celles des autres, une quantité de petits parqueurs, qui, parfois, travaillent, en outre, chez les grands.

Des premiers, rien de particulier à dire. Suivant leur spécialité, ils tiennent du propriétaire, ou du commerçant-
mareyeur. L'embauchage de leurs ouvriers se fait sans difficulté, d'après le cours des salaires de la région ; le personnel
que chacun emploie est toujours le même ; le contrat de
louage d'ouvrage, qui est verbal, ne donne jamais lieu à
contestations. Ici, pas de marchandage, pas de sous-traitants.
Les relations d'employeur à employés sont directes et pater-
nelles.

Quant aux petits parqueurs, ils n'ont guère recours à la
main-d'œuvre étrangère. Au point de vue de l'organisation
du travail, ils se trouvent dans des conditions sensiblement
analogues à celles du paysan petit propriétaire ou fermier.
Comme lui, ils constituent des associations familiales, où,
sous la direction du chef, chaque membre de la famille trouve
son emploi. Les plus forts et les plus valides montent les
embarcations et font le gros ouvrage dans les parcs ; aux
autres sont plus spécialement réservés les travaux à terre :
chaulage, détroquage, triage, emballage.

Les groupements de chefs de famille, pour une exploitation collective ou pour des travaux d'intérêt commun et
une surveillance d'ensemble, sont malheureusement trop
rares encore, comme nous l'avons précédemment constaté.

Si, des patrons, nous passons aux ouvriers, nous nous
trouvons transportés dans un milieu essentiellement maritime, puisque les ouvriers doivent, en principe, être recrutés
parmi les inscrits ou dans les familles d'inscrits. Les travailleurs ostréicoles des autres catégories n'ont, d'ailleurs, aucune
particularité saillante à signaler.

Habitué à la discipline du bord ; dur au mal et à la beso-
gne ; un peu fataliste, ou plutôt insouciant par nature ;

satisfait, pourvu que la subsistance des siens soit assurée ; vivant, dès son enfance, sous le régime tutélaire du socialisme d'Etat inauguré par Colbert ; inhabile à jouer de son influence électorale ; bien traité, du reste, par ses patrons, et ayant, au surplus, d'autres moyens d'existence à sa disposition, le marin n'aura pas l'idée de recourir à la grève pour améliorer son sort par une augmentation de salaires, ou pour obtenir une diminution des heures de travail. Les grèves des équipages des bateaux-bœufs de Martigues, des sardiniers de Concarneau, et même la cessation prématurée de la Caravane des Cancalais, resteront des exceptions. D'ailleurs, la situation n'est pas la même pour l'ouvrier ostréicole, qui se rend compte que la grève lui serait plutôt nuisible ; car, se généralisant, elle amènerait promptement la ruine d'une industrie qui n'est encore qu'une industrie de luxe et qui ne répond pas à des besoins indispensables.

Or, la décadence de l'ostréiculture, si elle ne réduisait pas à la misère l'ouvrier, qui aurait la ressource d'exercer son métier de marin, apporterait une grande gêne dans son intérieur, privé des gains des autres membres de la famille.

Ces gains, du reste, seront bientôt les seuls que, dans la généralité des cas, l'inscrit maritime puisse retirer du travail salarié dans les parcs à huîtres, — travail qu'il se verra conduit à délaisser personnellement quand il ne sera pas en possession d'une pension, ou qu'il ne pourra le mener de front avec la pratique de la pêche.

En effet, jusqu'à ces derniers temps, l'obligation, pour les ostréiculteurs, d'employer des inscrits maritimes avait comme corollaire celle d'armer avec un rôle d'équipage les bateaux nécessaires à l'exploitation de leurs établissements. De la sorte, les inscrits portés sur le rôle d'équipage acquittaient leur prestation à la Caisse des Invalides et continuaient à acquérir des droits à la pension, tout en travaillant dans les parcs. Mais, depuis la mise en vigueur de la loi du 20 juillet 1897 « sur le permis de navigation et l'évaluation des services donnant droit à la pension dite demi-solde », l'inscrit exclusivement employé dans les parcs a perdu le bienfait principal du régime du socialisme d'Etat dont jouit la communauté des gens de mer.

Préoccupé de réprimer les abus de la navigation fictive, le législateur de 1897 a assimilé les bâtiments et embarcations uniquement affectés à l'exploitation des établissements aquicoles aux bateaux desservant les propriétés rurales et les usines riveraines, qui n'occupent pas obligatoirement d'inscrits maritimes. A moins que les bâtiments et embarcations des parcs à huîtres ne soient en même temps employés à la pêche d'une manière active et professionnelle, il ne leur est plus délivré qu'un simple permis de circulation, ne comportant le paiement d'aucune taxe personnelle à la Caisse des Invalides et ne conférant, par suite, aucun des avantages du rôle d'équipage.

Ainsi, les ouvriers ostréicoles inscrits maritimes, quand ils ne font pas également acte de pêcheurs de profession, ne peuvent plus, comme autrefois, faire admettre le temps d'embarquement au service des parcs dans le décompte de la navigation ouvrant des droits à la demi-solde. Le nouveau système a pour but de faire économiser à la Caisse des Invalides le paiement d'un certain nombre de pensions ; mais, il est à remarquer, par contre, qu'il lui enlève des ressources, en la privant des prestations des ouvriers demi-soldiers qui, bien qu'en possession de leur pension, n'en continuaient pas moins à acquitter la taxe, par le seul fait de leur inscription sur un rôle d'équipage.

De la substitution du permis de circulation au rôle d'équipage découle une autre conséquence fâcheuse pour nos intéressants travailleurs : ils ne peuvent prétendre aux avantages de la loi du 21 avril 1898 « ayant pour objet la création d'une Caisse de Prévoyance entre les marins français contre les risques et accidents de leur profession » ; et, comme d'un autre côté, la loi du 9 avril 1898 « sur les accidents du travail » n'est pas plus applicable aux ouvriers ostréicoles qu'à la généralité des ouvriers agricoles, ceux-là se trouvent, de même que ceux-ci, soumis aux règles du droit commun.

Sans doute, la navigation nécessitée par l'exploitation des établissements huîtriers n'est généralement ni malaisée, ni périlleuse, ni même très active. D'un autre côté, il est assurément préférable que le marin navigue sérieusement jusqu'à l'heure de la retraite; d'autant, qu'à cinquante ans, il n'est pas trop vieux pour faire un bon ouvrier ostréicole. Cependant, nous pensons que, dans l'intérêt de l'industrie huitrière, qui a encore besoin de protection, et dans celui de la population maritime, quelques tempéraments pourraient être apportés à la rigueur de la nouvelle réglementation. L'ostréiculture, en effet, ne peut plus guère compter sur le concours de travailleurs marins dans la force de l'âge, et quelques employés jeunes, vigoureux et actifs lui sont utiles cependant, tant pour les ouvrages pénibles que pour une surveillance vigilante. D'autre part, il arrive que des hommes prématurément éprouvés par les fatigues de la grande navigation soient contraints de prendre un repos relatif et le cherchent dans le travail, moins dur, des parcs à huitres. Il semble rigoureux de les priver complètement du plus grand des avantages attachés à la qualité d'inscrit maritime.

On s'occupe actuellement des améliorations à apporter à la loi du 20 juillet 1897. Ne serait-ce pas l'occasion, pour le Parlement, d'examiner si les marins montant les bateaux affectés au service des établissements ostréicoles ne pourraient pas, au moins dans certains cas (par exemple, quand les parcs sont situés à quelque distance du rivage) être traités comme les pêcheurs exerçant leur industrie dans les eaux maritimes abritées, — lesquels, au point de vue de la demi-solde, comptent pour une fraction de sa durée effective leur temps d'embarquement?

La délivrance du rôle d'équipage dans ces conditions permettrait, en outre, aux intéressés de participer à l'association de la Caisse de Prévoyance Maritime instituée par la loi du 21 avril 1898.

C'est sur ce vœu que nous achèverons une étude, pour l'imperfection de laquelle nous sollicitons l'indulgence.

Cette indulgence pourra sembler surtout nécessaire pour la dernière partie de notre travail, à cause du peu de développements que présente celle-ci. Mais c'est la nature des choses qui nous a elle-même renfermé dans d'étroites limites : la connaissance personnelle que nous avons des principaux centres ostréicoles et les recherches auxquelles nous nous sommes livré pour les autres régions ne nous permettent pas, en effet, d'entrer dans de plus amples considérations sur ce sujet. Un pareil résultat était, d'ailleurs, facile à prévoir, après les explications que nous avons fournies au cours de cette étude ; car nous avons montré que, dans la généralité des cas, le travailleur ostréicole n'était pas confiné dans une spécialité ; qu'il avait, pour employer une expression familière, plusieurs cordes à son arc, et que le chômage n'était ordinairement pas à redouter par lui. Il n'en va point, dans l'industrie qui nous occupe, comme dans les autres professions manuelles, qui, constituant l'unique gagne-pain de l'ouvrier, mettent trop souvent en conflit le travail et le capital. Ici donc, pas de réclamations à faire triompher par la coalition, pas de ces revendications souvent tumultueuses et parfois inquiétantes pour l'avenir, — puisque l'ouvrier est satisfait de son sort. Nous avons vu aussi que l'organisation fréquemment familiale de l'atelier ostréicole était, en outre, un obstacle à la lutte sociale.

En résumé, si l'ostréiculture comporte, aux points de vue historique, juridique et économique, des détails étendus, il n'en est par de même au point de vue social. Comme des peuples heureux, on peut dire, de la population des travailleurs ostréicoles, qu'elle n'a pas d'histoire, et, bien que l'abondance dans laquelle ils nagent soit très relative, on ne saurait que les féliciter de n'avoir pas encore d'annales.

TABLE

Imprimerie Bretonne, 4, rue de la Chalotais, Rennes.

TABLE